KB079785

무안향토문화총서 제11호

무안만에서 처음 시작된 것들

무안향토문화총서 제11호

무안만에서 처음 시작된 것들

2021년 12월 25일 초판 1쇄 인쇄
2022년 3월 25일 초판 1쇄 발행

지 은 이 이윤선
펴 낸 이 김영애
펴 낸 곳 SniFactory(에스앤아이팩토리)

기   획 오해균(무안문화원 원장)
편   집 김배경
디 자 인 엄인향

등   록 2013년 6월 30일 제 2013-000136호
주   소 서울 강남구 삼성로 96길6 엘지트윈텔 1차 1210호
전   화 02-517-9385
팩   스 02-517-9386
홈페이지 http://www.snifactory.com

ISBN 979-11-91656-18-3(03910)

© 이윤선, 2022

값 15,000원

다울미디어 는 SniFactory(에스앤아이팩토리)의 출판브랜드입니다.
이 책은 저작권법에 따라 보호받는 저작물이므로 무단전재와 무단복제를
금지하며, 이 책 내용의 전부 또는 일부를 이용하려면 반드시 저작권자와
SniFactory(에스앤아이팩토리)의 서면동의를 받아야 합니다.

※ 이 도서는 무안문화원 지원으로 제작되었습니다.

무안향토문화총서 제11호

무안만에서 처음 ——— 시작된 것들

무안문화원 기획 | 이윤선 글

다할미디어

서문

무안만에서 시대정신을 찾다

『고려사』 권57 전라도 나주목 무안군조에 나오는 기사 한 토막을 『한국지명총람』에서 이렇게 풀어썼다. "본래 백제 때에는 물아혜勿阿兮 또는 물나혜勿奈兮, 수입水入이라 하였다. 신라 제35대 경덕왕이 무안으로 고치고, 고려 제2대 혜종 원년(944)에 물량으로 고쳤다가 제6대 성종 10년(991)에 다시 무안으로 고쳐서 나주에 붙였다."

무안이 물의 안쪽, 혹은 물의 아래라는 뜻으로 지어진 이름임을 밝히고 있다. 여기서 '물아혜'나 '물나혜'는 우리말 발음을 한자식으로 표현한 것이다. 대개 '물 아래' 혹은 '물 안에' 등으로 해석한다. '수입'도 물이 들어오는 곳이라는 의미이니 크게 다르지 않다. 바꾸어 말하면 수구水口로 물이 흘러들어 오거나 흘러나가는 곳이라는 뜻 아닌가. 삼면이 바다로 이루어진 무안반도는 동으로 영산 바다를 두고 서로 서해 바다를 두었으며 남으로 무안항이었던 목포항을 두고 있다. 물 안이든 물 아래든 영산강을 바다 삼지 않으면 나올 수 없는 인식이다.

무안반도를 물과 관련짓는 일, 실제로는 바닷물과 관련짓는 일이 생각보다 의미심장하다. 반도라는 절반의 땅을 강물 혹은 바닷물이라는 절반의 바다로 고쳐 읽는, 즉 '육지와 바다를 연결하는' 관점으로의 전환이기 때문이다. 따라서 '무안만'이라는 호명은 시대적 패러다임을 바꿔 읽는 큰 흐름이 들어있다는 점에서 매우 중요하다.

남도 지역은 크고 작은 무수한 만으로 이루어져 있다. 내가 '남도만'으로 우선 설정한 함평만에서 광양만에 이르는 리아스식 해안 또한 크고 작은 만과 강들이 무등산이며 지리산을 향해 물길을 내고 있다. 남도만의 핵심이 지금의 영산강이며 그 물 아래 있는 반도를 물 안 또는 물 아래라 해서 '무안'이라 호명해 왔다. 이러한 생태적 환경은 사람들의 생각과 관념, 나아가 생활에 깊숙하게 박힌 철학으로 승화돼 왔다. 있음과 없음을 반복하는 원리, 거대한 바다도 하룻저녁에 막아 땅을 만들어버리는 혁신적인 생각 말이다. 이것이 남도의 정신 아닐까?

남도의 정신이란 무엇인가? 오래전 이 질문을 던졌다. 당돌하고 해괴한 질문이다. 하지만 여기 답하려고 노력했다. 충효니 의열이니 가사문학이니 정아한 음악이니 따위에 반기를 든 이유이기도 했다. 천편일률적인 이 주장들에 대해 속살을 끄집어내 이야기하는 이들이 많지 않았다. 쓰여지지 아니한 행간, 그려지지 아니한 여백의 이야기들에 의미를 부여하고자 했던 저간의 몸부림이기도 했다.

무안반도에 대해 새롭게 해석하고 접근하며 가장 염두에 두는 것은, 이것이 한해륙韓海陸 나아가 인류사회에 어떤 의미로 다가서고 해석되게 하는가이다. 나는 이를 내륙에서 바다를 향하는 대신 '바다로부터 내륙을 보는 시선'의 전환이라고 말한다. 도래한 해양의 시대 혹은 섬의 시대, 가진 자에게서 가지지 아니한 자들로의 승계, 큰 것에서 작은 것으로의 이행 등 시대적 패러다임을 한 바구니에 담아내는 콘셉트이기도 하다. 단순히 무안반도를 세계로 확장시킨 개념이라기보다 일상의 전복, 철학의 전복, 헤게모니의 전복을 아우른다.

무안만을 말하고 남도만을 말하는 이유가 무엇일까? 만의 물골을 따라 오르면 중물골이든 소물골이든 그 끝자락에는 여지없이 사람들이 모이고 마을이 구성되며 독창적인 문화가 꽃피웠다. 큰 물골에는 큰 도시와 문명이, 작은 물골에는 작은 도시와 문명이 생성 소멸됐다. 산골에서 맑은 물 흘러내려 바다로 합하고 바닷물은 물때를 따라 강으로 산으로 거슬러 오른다. 강과 바다가 서로 밀고 밀리며 영역을 공유한다. 한해륙처럼 리아스식 해안이 발달한 환경일수록 이 점 더욱 명료해진다. 무안만을 말하고 남도만을 말하는 것은 저간의 산맥과 산천 중심의 국토 인식에서 바다 혹은 물골 중심의 사고로 바꾸어보고자 하는 의도이다. '산맥론'이 틀렸다는 것이 아니라, 대칭적 관점의 균형을 찾자는 뜻이다. 대칭은 반대라는 뜻이 아니다. 서로 다른 두 개를 포갰을 때 상하, 좌우가 서로 똑같은 것을 대칭이라 한다. 주역에서는 이를 대대성對待性이라 하고 인류학에서는 이를 대칭성이라 한다. 내 관심은 주역에서 말하는 대대적 사고에 기반해 있다. 이제는 섬과 바다와 해양으로 눈을 돌려야 할 때다. 거기에 시대적 비전이 있고 희망이 있으며 심지어 먹거리도 있다. 시대는 모름지기 그렇게 전진 혹은 진보해왔다. 나는 이것을 '시대정신'이라고 말한다. 여성과 장애인, 소수자들의 인권이 회복되고 세상이 민주화돼가는 흐름을 주목한다. 당연시했던 계급과 계층 구분의 풍속이 사실은 몰이해적 편파에 따른 것이었다는 깨달음도 여기서 비롯된 것이다. 아정한 것과 속된 것이 좋고 나쁘거나 중하고 천한 것이 아니라 대칭으로서 동등한 것이다.

내 작업은 무안만에 그치지 않는다. 남도만, 한해륙 5대만, 장차는 세계의 해만문화권으로 생각의 폭을 넓혀가게 될 것이다. 다만 이 책을, 이에 대해 먼저 갈무리하며 걸어간 이들의 맥을 잇는 작업으로 봐주면 고맙겠다. 영산강 물 아래. 이러한 지형적 특징을 배경으로 문화가 교섭하는 무형의 길을 닦았던 무안만, 이곳에서 발아하고 성장하고 찬란하게 꽃피운 유무형 자산을 짚어본다. 이른바 '무안만에서 처음 시작된 것들'이다. 이것을 지방학의 호명인 '무안학'의 한 키워드로 내놓아도 손색이 없으리라 생각한다. 어쩌면 남도의 의미를 재구성하는 작업이기도 할 것이다. 물 안과 물 아래에서 고양의 길을 걷다가 하방의 길로 내려가고, 때때로 재생의 길로 나아가다가 꿈여울 몽탄夢灘의 길로 되돌아오기도 할 것이다. 한센인 한하운이 노래했던가. 가도 가도 황톳길, 나는 이 남도 땅 황톳길을 돌아 갯벌로 들고 민요와 판소리 소릿길로 나아가다 다시 풍장의 길로 들어서는 일련의 순례길을 이야기해보고자 한다. 무안만에서 출발하는 남도 인문학의 길이다.

2021년 12월
무안만 왕산 자락에서
이 윤 선

차례

1

물 안과 물 아래,
무안반도 다시 읽기

무안반도에 대한 새로운 해석, 새로운 가치 발굴. 새로운 접근을 하며 가장 염두에 두는 것은, 이것이 한반도 나아가 인류사회에 어떤 의미로 다가서게 되고 해석되는가 하는 것이다. 한해륙 5대 물골론을 주장하며 그것이 단순히 내륙사관을 뒤집어엎는 카타르시스만 제공한다면 일시적인 공염불에 그치고 말 것이다. 갱번론을 주장하고 갯벌의 전이지대를 이야기하며 있음과 없음의 대대성을 말하는 것은 모두 이 같은 변별과 조화를 염두에 두었기 때문이다.

———————————————— –

왜 무안만인가

물 안에 있는 마을 곧 '물안'이라는 지명은 1821년에 만들어진 해동지도 무안현 부분을 보면 쉽게 이해된다. 무안반도를 중심으로 북쪽으로 무안천이 경계를 이루면서 서쪽으로 서해바다 그리고 동쪽에서 흐르는 영산강을 타고 남쪽의 바다로 경계를 짓는 무안은 그대로 물로 둘러싸여 있는 공간이다.

2020년 「무안향토문화총서」 제10호 『무안의 길』(박관서, 조기석 편저)의 들머리 글이다. 『고려사』의 기록, 물 안과 물 아래를 풀이한 것이다. 삼면이 바다? 어디서 많이 듣던 소리 아닌가? 바로 한해륙 즉 한반도다. 한해륙과 무안반도는 프랙탈이라 말할 수 있을 만큼 닮은 꼴이다. 무안반도의 모양이나 역사적, 문화적 위상이 그러하다. 위 저자들은 그래서 무안의 지명이 '물안'보다는 '물 아래'라는 뜻에서 왔을 것이라고 추정한다. 서문에서 언급했듯이 무안반도를 물과 관련짓는 일이 중요하다. 무안반도를 무안만務安灣으로 고쳐 읽고, 갯벌과 바다와 섬과 해양에서 내륙을 바라보는 일이기 때문이다.

무안반도를 유심히 살펴본다. 수많은 섬을 거느린 쇠불알 같은 형국이다. 풍수로 비유해 말하자면 무안반도는 고환睾丸의 형국이고 영산강은 자궁의 산도産道 같은 형국이다. 쇠불알을 덩그렇게 두고 깊은 산도의 자궁 영산 바다를 두었으니 음양의 조화라고나 할까. 고대로부터 이 나들목을 따라 마한 사람들이 드나들고 백제 사람들이 드나들며 통일신라와 고려 사람들이, 그리고 조선 사람들이 드나들며 오늘에 이르렀다.

현재 사용하고 있는 무안군의 심볼 마크도 이런 경향을 반영하고 있다. 도안 제안자의 설명을 들어보면, 도안의 기본 틀인 황토색 사각형은 황토 땅을 표현한 것이다. 가운데 원형은 공동체를 상징한다. 원을 우측으로 배치하고 청색 원에 선을 넣어서 떠오르는 태양의 이미지를 표현했다고 한다. 무엇보다 하단의 청색 물결 문양이 서해바다와 영산강을 상징한다. 나 같았으면 서해바다와 영산강에 갯벌의 의미를 덧입혔을 것이다. '황토와 갯벌의 작은 나라'라는 뜻에서 그렇다.

왜 무안반도를 무안만으로 고쳐 읽고자 하는 것인가? 몇 가지 참고해둘 것이 있다. 예컨대 전북 고창을 한반도의 첫 수도라 한다. 민선 7기 고창군 군정 방침에 처음 등장하는 슬로건이다. 정착 생활을 시작했던 신석기 이후로 한반도에서 한민족 공동체 문화가 크게 융성한 지역이 고창이라는 뜻에서 가져온 말이다. 아마도 유네스코에 등재된 고인돌 군락을 염두에 두고 지어낸 얘기일 것이다. 그뿐인가, 안동을 한국 정신문화의 수도라 한다. 여러 가지 이유를 드는데 그중 으뜸이 도산서원 등 유교 문화의 원형을 간직한 고장이라는 것이다. 하회탈 전통을 살린 안동국제탈춤페스티벌을 비롯해, 영국 엘리자베스 여왕이 처음 우리나라에 와서 대표적으로 방문한 고장이기도 하다. 안동만 유교 문화의 원형을 간직하고 있을까? 그렇지는 않을 것이다. 진도를 예향의 본향本鄕이라고 한다던가 각 도시가 앞다퉈 예향의 고향을 내세우는 일들, 심지어 광주는 아시아 문화의 중심도시라는 슬로건을

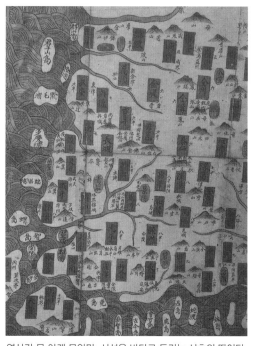

영산강 물 아래 무안만, 시선을 바다로 돌리는 시초의 땅이다.
〈팔도지도첩〉 중 전라도. 소장_ 국립중앙도서관

내세우는 일도 있다. 도시나 문명만을 앞세우는 것은 아니다. 지리산 달궁계곡 심원마을은 하늘 아래 첫 동네라는 슬로건을 내세운지 오래다. 이유야 어쨌든 지역과 지방 혹은 공간의 의미를 새롭게 읽어내고 보편적인 가치를 내세우려 함이 아니겠는가. 이럴 때 고려해야 할 것이 있다. 특수와 변별을 보편과 조화로 읽어내는 눈이다. 각 지방이 나름대로 고유와 변별을 내세워 오로지 자기만이 유일하거나 특수하다고 주장한다. 그래서 제일이라는 것이다. 문제는 그것만으로 그치는데 있다. 특수가 보편을 포섭하지 않는다면 제아무리 특별한 무엇일지언정 그것이 어찌 더불어 살아가는 이들과 교섭하거나 조화를 이룬다

고 말하겠는가. 아무리 잘난 것일지언정 지역 이기주의만 앞세우는 것이라면 그것이 무슨 의미가 있겠는가. 오히려 대동 세상을 헤치는 해악이 되지 않겠는가.

그래서다. 무안반도에 대한 새로운 해석, 새로운 가치 발굴, 새로운 접근을 하며 가장 염두에 두는 것은, 이것이 한반도 나아가 인류사회에 어떤 의미로 다가서게 되고 해석되는가 하는 것이다. 한해륙 5대 물골론을 주창하며 그것이 단순히 내륙 사관을 뒤집어엎는 카타르시스만 제공한다면 일시적인 공염불에 그치고 말 것이다. 갱번론을 주장하고 갯벌의 전이지대를 이야기하며 있음과 없음의 대대성을 말하는 것은 모두 이 같은 변별과 조화를 염두에 두었기 때문이다. 수년에 걸쳐 『전남일보』에 '이윤선의 남도인문학'을 상재하며 주장했던 지방학의 요체가 바로 이런 것이다. 적도赤道 상간을 기점 잡아 흑조黑潮(쿠로시오 해류)의 대류로 잇고 황해로 흘러드는 지류를 잡아 다섯 물골론을 주장한 이유들이기도 하다. 다만 본고는 그 발단과 단서를 언급할 뿐이니, 세세한 내력들은 고를 달리하여 소개하기로 한다.

발해만은 중국 황하 하류에서 북한의 압록강 하구까지 내륙의 물을 쏟아내는 수많은 삼각주로 이루어져 있다. 장보고의 활동무대이기도 했던 산동반도 끝 석도진에서부터 한반도의 장산곶 마루까지 큰 눈으로 읽어보면 마치 거대한 호수를 이루는 듯한, 어쩌면 작은 지중해와도 같은 생태조건을 지닌 공간임을 알 수 있다. 윤명철은 여기서 착안하여 한중일 삼국의 황해와 남해를 '동아지중해'라 명명하기도 했다. 여기서 나는 영산강을 다시 읽는 지혜를 얻었다. 영산강은 본래 나주 영산포에 국한된 이름이고 나머지는 광활한 바다였다. 영산포, 구진포, 지금의 영암 남포 아래로 숱한 지류를 가진 바다였다는 뜻이다.

영산강을 강이 아닌 바다로 읽어내는 가장 적절한 방법은 무엇일까? 나는 이를 내륙에서 바다를 향하는 시대적 패러다임이라고 읽었고 궁극에는 무안반도를 무안만으로 독해하고자 했다. 영산강의 본래 모습인 바다라는 맥락과 서해를 관통하는 거대한 문명, 이른바 남도의 맥을 적도 상간에서 시작한 거대한 흑조로부터 읽고 싶었다. 쿠로시오의 물골이 실핏줄 같은 지류를 만들어 황해로 스며드는 물골 기점에 마한문화권 혹은 마한문명권이 있다. 그 첫 노둣돌이 흑산도. 흑조의 끝이어서 흑산黑山이다. 이 노둣돌을 징검징검 딛고 첫 번째 당도한 물골이 지금 영산강이라 범칭하는 무안만이다. 이런 배경에 착안하여 한반도를 '한해륙'으로 명명하고(이는 윤명철의 발의에 따른 것이다), 신경준이 발의한 『산경표』를 '해경표'로 바꾸어 제안해오고 있다. 한반도라는 호명이 가지는 네거티브적 시각을 일소하고 대륙과 해양을 연결하는 브릿지, 곧 교량의 의미로 읽는 것이다. 물과 뭍을 연대하는 소통의 길로 해석한 포지티브적 관점을 가져야 한해륙이라는 호명이 가능하기 때문이다.

무안반도를 무안만으로 읽는 시선 또한 이와 다르지 않다. 물론 무안반도를 확장시킨 개념이지만, 물 안 혹은 물 아래라는 무안 본래 이름을 풀이한 것에 지나지 않는다. 서해바다와 영산강 전체를 아우르는 개념으로 치환했다고 보는 것이 옳을 것이다. 해경표의 본격적인 해설을 하기 위한 첫 단계라고나 할까. 그 시작을 무안만에 둔다는 점, 오랫동안 남도 문화의 행간과 여백을 좇아 고구해 온 나로서는 자못 의미심장한 일이다. 무안반도를 무안만으로 읽는 시선 자체가 사실은 한해륙 지도를 거꾸로 놓고 읽어야 보이는 것들이다. 단순한 전복이 아니라, 일상에서부터 철학, 헤게모니에 이르기까지의 전복이다. 그러기 위해 이 글을 쓴다.

흑조에 길을 묻다
—

적도 상간의 물길을 바라본다. 가고시마에서 아마미오오시마를 거쳐 오키나와에 이르는 여객선에서다. 늦은 밤 갑판에 올라 장중하게 흐르는 물길을 바라보니, 문자 그대로 흑색이다. 흑조라 이름 붙인 이유가 여기 있을 것이다. 수면 아래로 흐르는 조류는 말이 없다. 그러나 거대한 흐름을 유지한다. 때때로 눈을 들어 하늘을 본다. 별들이 쏟아진다. 면상과 가슴팍에 허락도 없이 내리붓는 별들을 마주한 것이 얼마 만인가. 콧구멍으로, 벌린 입으로, 몸에 난 숨구멍 하나하나 가득 쌓이는 별들을 본다. 눈을 지그시 감아도 별빛들 내려앉는 소리가 보인다. 설마 내가 수월水月하는 관음觀音보살이 된 것일까. 남쪽 어디 수평선에 걸린 건 아마도 십자성일 것이다.

한반도에서는 이 별 무더기가 보이지 않는다. 웅웅거리는 엔진 소리를 장단 삼아 구음을 읊조린다. 가고시마에서 출발한 일행이 내 구음에 취해 울음을 터뜨린다. 남도 가락의 묘미다. 이 가락은 경기 이남의 가락이자 남쪽 군도(南島)의 가락이다. 아마미오오시마, 옛 류큐(오키나와), 지금의 타이완을 잇는 가락들이다. 모두를 슬프게 하고 또 모두를 신명으로 이끄는 힘이 있는 노래들이다. 더불어 술에 취한다. 바닷바람에 취한다. 옛 나라 이야기들에 취하고 장보고며 삼별초들이 오갔던 길들에 취한다. 남경 장사를 따라 나갔던 심청의 길에 취한다. 웃다가 울다가 널따란 갑판 위에서 모두 잠이 든다. 하늘을 베개 삼고 갑판을 자리 삼았으니 천하가 부럽지 않다.

1. 물 안과 물 아래, 무안반도 다시 읽기

혼종의 공간을 잇는 물길

일행들은 아마미오오시마에 내리거나 또다시 옛 류쿠국 오키나와를 향한다. 검은 바다 흑조 상간, 내가 여러 차례 건너다녔던 쿠로시오의 물길이다. 이 길에서 상상했던 것은 동아시아의 노스탤지어였다. 이 향수鄕愁는 어디로부터 연유되는가. 아마도 54소국 마한의 여러 나라와 가야국으로부터 혹은 그 이전 물질하던 고대로 거슬러 올라간다. 음악으로 치면 복합선율의 공간이다. 헤테로포니Heterophony, 복수의 성부를 연주해온 다성多聲의 공간이다. 까닭도 없이 상상하는 것이 아니다. 우리 음악을 대개 모노포니Mononhony, 단수의 성부를 연주하는 특성이 있다고 말한다. 그렇지 않다. 복수의 성부를 연주해 온 음악이다. 다성의 공간, 혼종混種의 공간에서 수많은 물길이 교접된 결과들이다.

음악뿐이겠는가. 역사가 그렇고 문화가 그렇다. 경제가 그렇고 종교 또한 그렇다. 류큐와 사쓰마 번(가고시마)을 생각한다. 임진왜란 때 조선 파병을 거부한 나라가 류큐다. 일본과 미국을 생각한다. 동아시아 바다에서 지금 일어나고 있는 각종의 섬 분쟁들을 본다. 미국은 각처에 저들의 기지를 만들고 또 만들어가고 있다. 중국은 그에 맞서 군사력을 강화해가고 있다. 아마미오오시마에서 사키시마 제도에 이르는 새끼줄 같은 긴 땅에서 일어나는 일들이다. 우리에겐 독도 기지가 있고 이어도 기지가 있으며 어청도 기지가 있다. 동아시아를 남북으로 잇던 물길들을 상상한다. 우리는 지금 이 물길을 어떻게 인식하고 받아들이고 있을까.

황석영은 그의 소설 『심청』에서 근대기 동아시아 여성들의 수난사를 한국의 오래된 설화를 끌어내 기록하고 있다. 남경 장사 상인들에게 몸이 팔려 상하이로 스며든 심청에게 근대기 동아시아 여성의 이름들을 제각기 부여한다. 중국에서의 이름 '롄화'는 우리 말 연화蓮花다. 설화 심청이 상정했던 연꽃 환생에 대한 복선이다. 열다섯 심청의 가녀린 몸 위에서 여든이 넘은 첸대인이 복상사腹上死를 한다. 동아시아 혼종의 땅 상하이에서다. 기나긴 매춘의 여정을 거쳐 싱가포르로 스며들고 로터스라는 이름을 얻는다. 류큐국으로 들어가서는 '롄카'라는 이름을 얻는다. 이 또한 연꽃의 다른 이름들이다. 왕비가 된다. 왕국이 사쓰마 번에 복속되며 왕이 죽는다. 다시 제물포로 돌아온다. 소설 속의 심청이 그려낸 것은 몸으로 비틀어 쓴 동아시아의 역사, 동아시아 여인들의 수난과 갱생 바로 그것이다. 황석영은 심청을 왜 인당수에 빠트리지 않고 흑조의 물길을 돌고 돌아 다시 한반도에 이르게 하였을까. 이 어간에 홍어장수 문순득이 표류했던 아마미오시마가 있고 여송국呂宋國(필리핀) 비간이 있으며 더 아래로는 광활한 인도네시아가 띠를 이루고 있다.

마당극으로 본 흑조의 길

수년 전 극단 갯돌에서 만들어 공연한 〈문순득 표류기〉는 흑조 상간의 상상을 고스란히 담아냈다. 익히 알려진 바와 같이 홍어장수 문순득이 표류하던 곳들, 아마미오오시마와 오키나와, 필리핀, 마카오를 거치는 동안의 행적을 국악 뮤지컬에 담아 훌륭하게 재현해냈다. 문순득이라는 캐릭터가 가진 의미를 상고해 보면 이 공연이 가진 의미에 새삼 놀란다. 국가 간 경쟁이나 섬 분쟁, 혹은 전쟁과는 전혀 다른 측면들을 확인할 수 있기 때문이다. 생면부지 외국인을 극진히 대접하여 고국으로 돌려보내는 상생의 정신이야말로 현재 우리가 겪고 있는 국가 간 섬 분쟁의 대척점에 있는 해법이라 할 수 있다. 일찍이 지춘상 교수는 류큐와 한국 남도의 민속이 매우 닮아있다고 연구 보고했다. 줄다리기가 그렇고 오키나와의 노로(무당)와 아마미오오시마의 유타(무당)가 그렇고 모내기의 풍속이 그렇다. 여러 역사서가 증언하는 바대로 이 지역은 고대로부터 끊임없이 물길을 통해 교류해온 지역이다. 민간의 문화교류를 활성화시킬 이유가 여기에 있다.

2015년 말에 목포향토문화회관에 초청 공연된 오키나와의 에이사도 진도북춤과 매우 닮아있다. 나도 아마미오오시마의 시마우타(섬 민요)에 주목하여 그 재구성에 관해 여러 편의 논문과 글을 썼다. 진도 용장산성에서 나온 기와가 오키나와 슈리성의 기와와 유사하다는 것도 이미 여러 학자에 의해 연구됐다. 앞으로 비교 연구할 항목이 많다. 내가 기획해서 만든 〈진도에 또 하나 고려 있었네〉(곽의진 작, 박병도 연출, 유장영 작곡)도 고려 삼별초가 진도와 제주도에서 전부 망한 것이 아니라 그 일부가 류큐에 이르렀다는 내용을 담고 있다. 오키나와 국립극장 방문 공연도 했다.

〈문순득 표류기〉와 오키나와의 에이사, 민요창극 〈진도에 또 하나 고려 있었네〉 등의 공연은 표류나 이주를 통해 맺어진 동아시아 교류의 역사를 새삼스럽게 드러내준다. 나라 간, 지역 간 교류와 관련된 것이니 앞으로 공연 교류의 기회가 더 많아질 것이다. 하나의 주제를 가진 합동 공연의 형태도 가능할 것이다. 한국과 오키나와, 필리핀과 중국을 잇는 공연을 기획해볼 것을 주문한 바 있는데, 극단 갯돌에서 이미 이런 계획들을 세우고 차근차근 진행해나가고 있다. 무안 소재 승달우리소리고법연구회에서도 이 같은 작업들을 펼쳐나가고 있다. 문순득뿐만 아닌 무안만 나아가 남도만의 유사한 것들을 주제나 소재로 삼는 공연 논의들이 풍성해지고 있다. 공연뿐이겠는가. 문화, 경제, 산업으로 열어갈 동아시아 남도의 미래는 사실 고대 우리 선조들이 이미 창대하게 개척하여 걸어왔던 길이다.

영산강의 새로운 해석, 무안만

지금의 영산강은 이름이 여럿이었다. 광탄, 금천, 금강, 영산강은 물론이고 각 지류는 고막천이니 삼포강이니 따위의 셀 수도 없는 작은 대천 소천들이 낙지 발 같은 다리를 맞대고 있었다. 변남주 교수의 연구에 의하면 지금의 목포도 사실은 나주의 포구 목포였다. 조선시대 이전 장구한 세월 동안 국가의 중요한 해양 제사지 3곳 중 하나가 지금의 영산강 남해포(남해신사)였다. 바꾸어 말하면 남포 아래로는 바다였다는 뜻이다.

큰 천의 이름만 해도 수도 없이 바뀌었다. 황룡강(장성), 지석강(남평), 극락강(담양, 광주)은 지금의 영산강을 이루는 3대 상류 물길이다. 나주를 빼두고 무안의 사례만 하더라도 『세종실록지리지世宗實錄地理志』(15세기), 『동국여지승람東國輿地勝覽』(15세기), 『동국여지지東國輿地志』(17세기), 『여지도서輿地圖書』(18세기), 『대동지지大東地志』(19세기), 『읍지邑誌』(19세기), 구한 말지도(20세기)에 이르기까지 그 변화가 무쌍하다. 무안의 예를 들면, 대굴포 → 목포, 두령량, 대굴포 → 덕보포 → 두령량 → 통칭 목포, 금수(금강, 대굴포) → 두령량 → 바다, 사호진 → 바다, 사호진 → 이산진, 몽탄진, 목포 → 두령량, 사호강 → 몽탄강 → 주룡강 → 등산강 등으로 호명해왔다. 변남주 교수가 밝힌 전거는 다음과 같다.

1. 물 안과 물 아래, 무안반도 다시 읽기

(나주목에는) 금성산과 남포진이 있다. (흑산도 섬 사람들이 육지로 나와 남포 지역에 붙어 살았던 그 곳을 영산현이라고 불렀으며, 공민왕 12년에 군으로 승격시켰다.)

『고려사』 권57, 지리2, 나주목조

(나주목은) 옛 속현이 8이니, 영산은 본래 흑산도였는데, 육지로 나와 주의 남쪽 10리 되는 남포강가로 옮겼다.

『세종실록지리지』, 전라도, 나주목조

영산폐현은 주의 남쪽 10리에 있다. 흑산도 사람들이 남포에 우거하였으므로 그곳을 '영산현'이라 하였고, 공민왕 12년에 군으로 승격하였다가 나주에 속하였다.

『신증동국여지승람』, 권35, 전라도 나주목 고적조

대표 물길명 금수가 조선 전기와 마찬가지로 금강, 목포와 병칭되고 있다는 뜻이다. 무안 지역의 경우, 나주 지역의 물길명인 금수를 그대로 수용하면서 대굴포와 두령량을 언급하거나 그대로 무안 지역 물길명을 금수로 칭한 것이 특별하다. 이것은 물길로 경계를 접하거나 월경지(무안군 삼향면)로 상호 영역이 혼재되어 있기 때문이라고 한다. 대천 '나주 영산강'은 18세기에 대표적으로 호칭된 경향이 있으나 영산강 전체를 통칭하지는 않았음을 논증하고 있다. 결론적으로 보면 17세기 이전 기록에서는 '나주 영산강' 명칭이 발견되지 않는다. 따라서 나주 영산창 인근 물길을 뜻하는 '나주 영산강' 명칭은 17세기 중반에서 조선 후기 영산창의 복설과 함께 등장했을 가능성이 높다고 진단한다.

물길 구간도 영산창 인근으로 수 킬로미터를 벗어나지 않을 것이라는 견해다. 즉 영산강이라는 호명은 나주 영산창 인근의 물길만을 뜻하고 포구보다는 조운로의 물길 개념이었다가 일제강점기에 들어와 지금처럼 전반적인 이름으로 확장되었다는 것이다.

> 신라가 당나라로 들어갈 때는 배가 모두 영암군 바다에서 떠났다. 하루를 타고 가면 흑산도에 이르고, 이 섬에서 하루를 타고 가면 홍의도에 이르며, 또 하루를 타고 가면 가계도에 이르고, 여기서 북동풍으로 사흘을 타고 가면 곧 태주령파부 정해현에 이르고, 만약 순풍이면 하루에 이른다. 남송이 고려와 통하는데도 또한 정해현 해상에서 배를 출발시켜 7일에 고려 국경에 상륙하였는데, 그곳이 곧 영암군이다. 당나라 때 신라인이 배를 타고 당에 들어갔을 때도 강나루를 통한 중요한 나루를 기반으로 선박의 왕래가 계속되었다.

박관서, 조기석(「무안향토문화총서」 제10호 『무안의 길』)은 이중환의 『택리지擇里志』 중 위 대목을 인용하면서 이 맥락을 무안반도의 지형적 특질로 읽어내고 있다. 변남주 교수가 지금의 영산강을 이해하는 방식과 유사하다. 『무안방언사전』을 쓴 오홍일은 이렇게 얘기한다(『무안문화』 제8호, 2008).

> 우리 고장 무안의 땅 모양은 영락없이 한반도 중부 이남의 지형을 축소해놓은 듯, 이를 방불케 하는 반도이다. 이 반도의 중심 부분은 이것도 한반도의 지세를 닮아 산들이 동쪽으로 치우쳐 있고 그 산들이 남북으로 연달아 이어져서 마치 반도의 등뼈 구실을 하는 점도 한반

1. 물 안과 물 아래, 무안반도 다시 읽기

도와 닮았다. 거기에 서북쪽으로 뻗어나간 땅은 이 역시 작은 반도를 이루고 있다. 이것이 다시 두 갈래로 갈라지면서 하나는 남쪽으로 고개를 돌려 망운반도가 되고 다른 하나는 가느다랗게 이어지다 힘을 불끈 쥔 주먹처럼 서북쪽으로 뻗쳐나간 것이 임치반도이다. 그러다 보니 산은 예로부터 삼남의 명혈 하나가 있다고 알려진 승달산이 한가운데 버티고 서서 여러 산들을 거느리는 등 널리 알려져 있다. 하지만 국國이 좁다 보니 반도 안에는 강이라고 이름 붙일 만한 큰 하천이 없는 형편이다. 그래도 한반도 중부 이남의 4대강의 하나로 여러 고을에 걸쳐 흐르는 영산강은 그 마지막에는 무안반도의 등허리를 따라 흐르면서 우리의 삶에 크게 영향을 주고 있으니 무안의 강이라 해도 틀린 말은 아닐 것이다.

영산강을 무안의 강이라 제언하고 있다. 하지만 영산강을 적극적으로 해석하거나 확장시킨 견해는 아니다. 승달산이 그 중심에 있고, 현재의 전라남도 도청이 남악으로 이전하게 된 배경을 설명했을 따름이다. 나는 이를 무안만이라는 큰 개념으로 포섭해보고자 했다. 이를 사전 식으로 정리해 보면 이렇게 표현할 수 있다. "무안군의 무안務安은 '물 안'에서 온 말이다. 고지도를 볼수록 이 점 명료해진다. '물의 안쪽'에 있는 땅이라는 뜻이다. '물 아래'로 해석하기도 한다."

물의 안쪽이든 물의 아래든 삼면이 바다로 에두른 땅이라는 의미는 훼손되지 않는다. 우리나라를 축소해놓은 듯한 곳이다. 물 아래라는 언설은 무안반도의 위쪽이 바다라는 뜻이다. 실제 지금의 영암 남포까지 혹은 나주의 영산포까지 바닷물이 들락거려 현격한 조수간만의 차가 있던 곳이니 물 아래라는 호명은 생태적 사실에 근거한 작명이다.

송나라 서긍이 다녀간 '검은 바다'. 국립해양문화재연구소가 가거도 남단에서 신안군 재원도까지 서긍의 뱃길을 재현했다.

변남주 교수가 『동국여지승람』 산천조를 인용해놓은 바에 의하면 썰물에는 나주 지역의 금강진(금천, 나주목포 혹은 남포), 무안 지역의 대굴포, 덕보포, 두령량을 지나야 지금의 목포인 고하도 앞바다로 흘러내리고 들물에는 역으로 금강진 위쪽으로 바닷물이 거슬러 오른다.

지금의 신안新安은 '새로 생긴 무안'이라는 뜻으로 1969년에야 신설됐다. 무안반도를 비롯한 서남해안의 리아스식 해안에 우리나라 섬의 2/3가 포진해 있다. 나는 이곳을 에둘러 남도라고 호명해왔다. 지리적 특징보다는 생태적이고 문화적인 특색에 집중해왔다. 그중 하나가 무안만 읽기이다. 물길로 보면 광주만, 중간의 나주만, 나들목 목포만도 가능한데, 왜 무안만이라는 이름을 택했나? '물안만' 혹은 '물아래만'이기 때문이다. 동으로는 광주 신창동과 나주까지 바다의 영역으로 포섭하고 서로는 고창, 변산으로 오르는 바다를 아우르는 콘셉트랄까. 남도 전체의 리아스식 해안 '남도만南道灣'의 중심 해만이 무안만이다.

다시 지도를 거꾸로 놓고
—

한국에 처음 오는 사람들, 인천공항에 하강하는 비행기 속에서 광활하게 펼쳐진 개펄을 바라본다. 올망졸망 섬들이 흩어져 있다. 크고 작은 배들이 지나간다. 해 지는 시간, 바닷물을 받은 햇살이 영롱하다. 무수한 빛과 작은 파도가 연출하는 재잘거림들, 그 전하는 말들이 그윽하여 천천히 눈을 감는다. 절반쯤 감은 눈꺼풀 안으로 두 개의 풍경이 펼쳐진다. 푸르른 물과 회색빛 땅이다. 푸르른 물이 있는 곳은 조하대潮下帶다. 회색빛 땅은 조간대潮間帶다. 개펄(갯벌과 동일하게 표준어로 사용된다)이다. 감은 눈 속으로 태곳적 한반도에서 오늘에 이르는 연대기들이 주마등을 이룬다. 갯골을 따라간 시선은 어느덧 대륙붕 저 심연의 바닥으로 내려갔다가 일렁이는 파도의 끝까지 치오르기를 반복한다.

내가 『전남일보』에 '이윤선의 남도인문학' 칼럼을 시작하면서 쓴 첫 문장이다. 프롤로그를 문자 하나 보태거나 빼지 않고 이렇게 시작했다. 내 철학의 모티프이자 바탕이기에 기회 있을 때마다 인용해둔다. 한국에 처음 오는 누군가가 대면했을 이 풍경들에 대한, 그 풍경들이 전하는 말들에 대한, 그것이 자아낸 마음들에 대한 일종의 순례기라고나 할까. 그 마음들이 만들어 낸 몸짓과 노래와 새김질과 생각들은 때때로 백두산과 지리산을 치올라가거나 먼 바다를 무심히 응시하거나 병

풍산 꼭대기에 올라 무등산이 옹위하는 무진벌을 내달리기도 했다. 하지만 나는 늘 초심에 서 있다. 그것은 여전히 개펄이고 비로소 개펄이다. 있음과 없음을 반복하는 대대의 맥락들을 더 이상 손가락 세어가며 설명하지 않아도 된다는 안도 같은 것이다. 저간의 수백 번이 내게는 마치 천일 기도와도 같은 것이었다. 평생이라는 의미의 백년가약이자 대계大計요, 아니 어쩌면 대전大戰에 찍어둔 방점 같은 것들 말이다. 본고는 이런 생태를 바탕에 둔 내 생각의 연대기다. 서문에서 밝혔듯이 나는 여기서 남도정신을 찾았다. 그 첫발을 무안만에서 뗀다.

광주정신 혹은 남도정신은 어디서 오나

광주정신은 어디로부터 오는가? 신창동이다. 몇 가지 근거를 들었다. 한반도 최초의 현악기 마한금을 들었다. 한반도 최초의 쌍둥이 고깔북을 들었다. 이천여 년 후에 영산강 기슭에서 창안된 국악 산조의 DNA가 이곳 신창동에서 왔음을 비약이라 할 수 없다고 봤다. 현재 한반도에 거주하는 대개의 사람이 고구려의 후예나 말달리던 주몽의 후예라 주장하는 것을 되돌아봐야 한다고 봤다. 사실은 물골을 신출귀몰하게 오르내리던 뱃사람들의 후예에 훨씬 더 가깝다는 뜻이었다.

근자에 시도된 게놈 조사 자료를 예로 들었다. 우리 대부분이 남방계에 가깝다는 점을 확인할 수 있었다. 나는 이 생태환경의 조건들이 내륙과 해양이 만나는 교접지의 철학을 낳았다고 보고 있다. 남도 지역에 집중된 매향비를 그 대표적인 물증으로 제시했다. 마한의 시대로부터 두 번의 천년을 보낸 지금 바다와 내륙을 하루에도 두 번씩 반복하던 이 땅의 철학과 정신은 어디로 도망간 것일까. 그 철학을 가지고 살던 사람들은 어떤 나라로 가버렸을까? 하지만 항간의 소문처럼 그들이 이 땅을 모두 떠나버린 것이 아님을 알 수 있었다. 북방으로부터 밀고 내려온 가진 자들의 힘을 주체적으로 수용했음을 오히려 말해야 할 이유가 여기에 있지 않을까?

독자론이며 민중론이다. 여백이며 행간이다. 가진 자들에 의해 쓰인 역사가 아니라 피지배자들이 입에서 입으로 숨겨온 구비의 역사요, 아버지보다는 어머니의 DNA며 미천한 듯 보이지만 웅숭깊은 구술사다. 수천 년을 이어온 사람들의 외양이 그렇고 생각의 지형들이 그렇다. 적어도 남도 지역의 예술적 DNA가 마한 땅, 아니 그 이전 태고의 습지와 개펄로부터 이어져 왔다고 주장하는 이유다. 물과 뭍을 반복하는 땅이니 혁명이요 민주요, 변화무쌍하지만 순환하니 중용과 대대다. 사실은 이 생각과 철학들을 길어올린 탄탄한 줄의 두레박이라고 해야 옳을 것이다. 이 생태환경은 남도 땅 개펄 혹은 마한에만 국한되는 얘기일까?

전혀 그렇지 않다. 남도의 확장을 말해왔던 이유다. 서해에서 남도 끝자락에 이르는 풍경들을 보라. 황해를 돌아 인도차이나까지 아시아 전반을 횡단하는 이 풍경들을 보라. 남도 지역 어느 도시건 예외인 곳은 많지 않다. 지금의 광주가 신창동 포구에서 시작되었음을 주장하는 이유이기도 하다. 지금의 북한 땅 황해 연안으로부터 한반도의 끝자락에 이르도록 크고 작은 길들이 끝도 없이 이어진다. 황해의 난류와 한류가 교차하는 지점들에 이르면 이 길은 극대화되어 나타난다.

진도에서는 뽕할머니가 나와 신비의 바닷길을 연다. 수많은 섬들이 '노두'와 '바닷길'로 이어진다. 하늘에서는 은하수를 타고 별들을 유영하지만 땅에서는 노두와 갈라진 바닷길을 타고 섬들을 유영한다. 장산곶을 기점 삼으면 사릿발 조석간만의 차가 약 9~10미터에 이른다. 끝

간 데 모를 개펄에 들물과 썰물이 교차하는 시간은 고작 여섯 시간이다. 달 속으로 올라간 항아가 그리 정해놓았을까? 서남해로 내려오면 약 4미터에 이른다. 낙동강을 거쳐 동해안에 이르면 이 차가 현저히 줄어든다.

중국과 접한 바다 전체를 황해라 한다. 나는 황해가 황하의 물이 붉어 붙여진 이름이 아니라 조기의 누런빛에서 온 말이라 너스레를 떨곤 한다. 혹은 남도 땅, 가도 가도 천릿길 황토 흙에서 반사된 빛은 아닐까? 인천공항에 착륙하며 내려다보는 풍경은 황해의 강항江港 도시 그 어디를 가나 동일하게 나타난다. 뭍과 물을 반복하는 땅이다. 하늘이 정해준 때를 따라 개펄길이 되었다가 다시 바닷길이 되는 땅이다. 평양이며 개성이며 서울이 모두 이 포구 자락에 세운 도시들이다. 강항 도시 혹은 강포江浦 도시다. 황하며 양쯔강이며 마치 거대한 중국 대륙을 먹여 살리는 듯한 이 실핏줄 같은 풍경은 황해라 호명하는 해안 어디나 동일하다. 한해류이라고 어디 다를 것인가.

한국이나 중국 모두 강이란 강은 모두 황해로 하구를 대고 있다. 어머니 유방의 실핏줄을 닮았다. 국제학술지 「해양-연안관리Ocean and Coast Management」가 보고한 바에 따르면 황해의 개펄 면적이 1만 2620제곱킬로미터로 세계 최대 규모다. 세계 5대 개펄이나 3대 개펄이 아니라 세계 최대 개펄이라는 뜻이다. 한국의 개펄은 2140제곱킬로미터, 북한은 2300제곱킬로미터, 중국은 8180제곱킬로미터다. 덴마크, 독일, 네덜란드를 감싸는 와덴해 4700제곱킬로미터와 비교하니 2.7배에 달한다. 바다위원회는 이를 '갯벌바다(Getbol Sea)'라 명명했다. 아쉽다. '갯벌(Getbol)'이라는 우리 이름으로 호명한 것은 환영하지만 오히려 '갱번'으로 했어야 맞다. 왜 그러한가? 있음과 없음을 반복하는 철학이

2021년 국립해양문화재연구소가 '서긍 뱃길' 재현에 앞서 고사를 지내는 모습.

담긴 이름이기 때문이다. 내가 늘 주장하는 이른바 '갱번론(Gengbone theory)'이다. 본고에서는 약술하여 이를 소개했지만 따로 저술을 준비하고 있다. 갱번은 강이라는 뭍의 것과 바다라는 물의 것이 교직하는 대대성의 정신을 담아내는 이름이다. 이 생각들을 수렴하면 신창동과 남도로 모이고 확장하면 황해와 아시아로 나아간다.

남도의 정신은 어디서 오는가? 광주정신을 묻는 일과 동일하게 당돌하고 해괴한 질문이다. 도대체 남도의 정신이란 언설이 가당키나 한가? 다시 갱번의 의미에 대해 요약해 둔다. 내 연구의 키워드 중 핵심이다. 가도 가도 황톳길, 이 땅 혹은 바다를 부르는 남도 지역의 독특한 호명법이다. 흑산도나 외해의 서남해 군도에서도 넓은 바다를 '갱번'이라 이른다. 바로 개펄의 갯골, 우리 고장말로 '개옹'을 이르는 말이기도 하다. 그 반대로 영산강이나 섬진강에서는 강을 강이 아닌 바다로 인식했던 흔적들이 곳곳에 나타난다. 사실은 황해로 난 모든 강들이 그렇다. 실례가 많다.

비로소 무안만에 서서

사전에서는 항구를 이렇게 설명한다. '배가 안전하게 드나들도록 강가나 바닷가에 부두 따위를 설비한 곳'. 포구를 이렇게 설명한다. '배가 드나드는 개의 어귀'. 언제부터 이런 용어들이 사용된 것일까? 조선시대까지 부두埠頭를 항구港口로 표기한 예는 거의 없다. 고종 이후에야 무안항務安港 등의 용어가 나오기 시작한다. 이것이 지금의 목포항이다. 1897년 10월 개항한 이후 무안항이었다가 1910년 목포부로 개칭하면서 목포항이 된 셈이다.

'배를 대어 사람과 짐이 뭍으로 오르내릴 수 있도록 만들어 놓은 곳'

이라는 의미의 부두는 포浦 혹은 포구浦口이다. 우리말로 하면 '나루' 정도 될 터인데, 지금은 강이나 좁은 바닷목에서 배가 건너다니는 일정한 장소로 축소됐다. 항구의 본래 의미는 무엇일까? 항港의 본음은 강江이다. 물 '수水'에 '항巷'을 붙여 만든 글자다. 읍邑은 고을을 말하는데, 항은 고을을 통해 몇 개로 나뉜 골목을 말한다. 고을의 골목처럼 나뉜 수로水路라는 뜻이다.

안항, 내항, 노루목 등의 용례에서 살필 수 있다. 물골 혹은 물길의 의미로 쓰였다. 강 자체가 넓고 길게 흐르는 큰 물줄기라는 뜻이다. 남도에서 상용해온 바다 물골 즉 '개옹'에서 그 출처를 따져 물을 수 있다. 항은 '물이 흘러들어오거나 나가는 어귀'라는 뜻이다. 물목이다. 해남과 진도를 가르는 울돌목이 대표적인 사례다. '나루 혹은 포구를 열다'는 뜻의 개항開港도 부두를 연다는 의미보다는 배가 들어오는 물길 곧 물목을 열었다는 뜻이 강하다. 닻을 내린다는 정박碇泊도 마찬가지 맥락으로 이해된다. 목포항의 개항을 부두를 열었다는 의미를 넘어 남도 물길을 열었다는 뜻으로 이해하고자 하는 이유이기도 하다.

앞서 무안반도 다시 읽기를 통해, 그리고 영산강의 호명법에 대해 소개한 것처럼, 고려 이후 국가제례 중 하나였던 중사中祀가 그 행간에 있다. 왕이 국토의 오악五嶽에 제를 지내니 대사大祀라 하고 삼해三海에 제를 지내니 중사라 했다. 동해의 중사는 지금의 양양 땅에 있고 서해의 중사는 지금의 북한 땅에 있다. 남해의 중사는 영암의 남포였다. 나주 땅에 속했던 곳이고 마한 사람들이 배질하던 곳이다. 남포 아래는 모두 바다라는 뜻이고 무안만이라는 호명처럼 물 아래 혹은 물 안이라는 뜻이다. 목포가 영산포의 한 포구 이름이었다가 후대에야 지금의 목포로 이명移名했음은 이제는 많은 사람이 안다.

다시 정리해둔다. 영산포로 거슬러 오르면 광주, 화순, 담양에 이르기까지 포구들의 흔적이 많다. 심지어 지금은 산간으로 이해되는 곳들까지 '배머리'며 '배들이'의 이름들이 남아있다. 심청이 오고 갔다는 곡성과 섬진강도 그렇다. 이 생태를 배경으로 나는 '갱변론'을 집약했다. 강력한 정체성과 황해 연대의 키워드다. 지금의 광주와 남도가, 그리고 남북을 아우르는 한해륙과 황해가 주목해야 할 이름이다. 그러기 위해 영산강을 무안만으로 고쳐 읽고 그 나루터에서 첫발을 떼는 것이다.

2

명선,
고양의 길을 가다

불교 중심으로 차 문화가 확장되었고, 스님들 중심으로 차 생활이 보편화된 것도 어찌 보면 스스로를 고양하는 첨단의 콘텐츠이기 때문일 지도 모른다. 그중 대표적으로 거론되는 것이 추사가 남긴 '명선茗禪'이라는 글씨다. 추사가 초의에게 지어준 호이기도 하다. 무안만 삼향읍 왕산리 초의선사 생가에도 이 글씨를 걸어두었 다. 대개 이를 '차를 마시며 선정禪定에 든다'라 는 뜻으로 해석한다. 문자 그대로 명茗은 차의 싹을 말하는 것이니 차를 마시며 선을 행한다는 것 아니겠는가.

————————————————— -

눈길에 스며든 낯선 이름들
—

눈이 예년 같지 않게 많이 내렸다. 이른 새벽, 동이 트려면 한참이나 남은 시각. 도량석 목탁 소리가 운흥사의 골짜기를 쩌렁쩌렁 울렸다. 계곡을 타고 오른 목탁 소리가 등성이를 넘을 때까지 뭉그적거리면 큰스님의 불호령이 떨어질 것이다. 화들짝 놀라 일어난 의순意洵은 고사리 손으로 얼음물을 떠서 세수를 했다. 법당에 드니 스님들이 이미 좌정하고 있었다. 삼귀의례가 진행되었다. 스님들의 장삼 자락이 움직일 때마다 촛불도 따라 흔들렸다. 피워놓은 향 내음이 오늘따라 깊었다. 심호흡을 했다. 그윽한 향이 심중을 찌르는 듯했다. 백팔 배가 이어졌다. 허리를 굽혀 굴신할 때마다 울리는 죽비소리가 귓전을 때렸다. 의례가 끝난 후 스님들이 법당을 돌아나갔다. 의순 홀로 남았다. 삼천 배명을 받았기 때문이다. 출가라는 것이 고행이라지만 어린 나이의 출가는 더욱 그러했다. 고향의 부모형제가 그리웠다. 혼란스러웠다. 마음의

방황을 알아차린 큰 스님이 호되게 질책을 했다. 삼천 배를 하면 마음
이 좀 다스려지려나. 다리가 후들후들 떨려 더 이상 일어날 수가 없었
다. 이천구백몇십 배까지 왼 듯한데 의순은 쓰러지고 말았다. 울음이
터져 나왔다. 어금니를 깨물어 삭였다. 운흥사의 정월과 더불어 의순
의 겨울도 그렇게 깊어갔다.

> 穿雪野中去 눈 많이 내린 산야를 걸으려면
> 不須胡亂行 어지럽히지 말고 바르게 걸어야 한다
> 今朝我行跡 오늘 내가 걷는 이 발자국은
> 遂作後人程 반드시 뒤따르는 사람의 이정표가 된다

　눈이 차곡차곡 쌓인 날, 순백의 평지를 앞서 걸어간 발자국을 따라
걸어본 경험이 있는가? 누구에게나 낯익은 풍경, 한 번쯤은 들어봤거
나 애독하는 시 「야설野雪(들판의 눈)」이다. 서산대사의 시가 아니라 이
양연(1771~1853)의 시라고 밝혀진 지 오래다. 정민 교수 덕분이다. 백
범 김구가 즐겨 읊고 썼으며, 김대중 대통령도 애호하던 시로 알려져
있다. 선지자의 행보에 비유된 이 시는 광범위한 사례들에 인용되거나
그 의미를 확장 시켜왔다. 이양연 또한 개인적인 삶의 소회를 넘어 시
국의 풍경들을 이 노래에 담아냈을 것이다. 분단 전후 파란을 겪었던
백범이 왜 이 시를 애송했겠는가를 굳이 물어볼 필요는 없다. 김대중
대통령 또한 좌우명 곧 오른 어깨 위에 걸어두고 스스로 걷는 길에 대
한 경구로 삼았다. 오늘 내가 걷는 길에 대한 경구이지 않겠는가. 그들
이 걸어간 길을 우리가 따라 걸었고, 우리가 걸어가는 길을 후예들이
따라 걸을 것이다. 생각이 여기에 미치니 모골이 송연하다. 고사리 손

　　　　　　　　　　　　2. 명선, 고양의 길을 가다

을 한 낯익은 얼굴들이 주마등을 이룬다.

옛날을 기억하라. 역대의 연대를 생각하라. 네 아비에게 물으라. 그가
네게 설명할 것이요. 네 어른들에게 물으라. 그들이 네게 이르리로다.

성경 「신명기」 32장 7절이다. 「야설」을 다시 풀어놓은 듯하다. 성경
에서야 이스라엘 선지자들의 연대를 기록했겠지만, 우리의 처지를 겹
쳐보면 한해륙의 여러 지경 여기저기 떠오르는 이름들이 있다. '한해
륙'이란 윤명철이 한반도라는 호명을 보다 적극적으로 해명하고 해석
해낸 용어다. 반도사관이라는 오명을 벗어 던지고 해양과 내륙의 교섭
을 추동하는 동아지중해적 개념으로 확장시킨 것이다. 「야설」에 겹쳐
역대의 연대를 생각해 보니 한해륙에 스민 그윽한 이름들을 떠올리지
않을 수 없다. 정파와 이념을 넘어 정녕 이 나라를 위했던 선지자들의
이름들이다. 잊어버린 이름들, 사실은 밝혀지지 않은 이름들이 더 많
다. 시대의 이름으로 끄집어 올리지 못한 이름들, 분단의 장벽에 갇혀
북한에서도 남한에서도 배척당했던 이름들이 그 안에 있다.

하고많은 이름 중에서 초의를 여기 소환하는 까닭은, 우리 차의 시
조 혹은 중흥조로 알려져 있기 때문만은 아니다. '무안만에서 처음 시
작된 것들'이라는 콘셉트로 글을 구성하면서 초의를 가장 먼저 꺼내
든 것은 지도를 거꾸로 내걸고 그간의 역사에 새겨지지 않은 행간과
여백을 보려 함이다. 나를 내려놓는 하방의 대칭점에 초의의 차茶 정신
으로 스스로 고양시키고 싶었기 때문인지도 모르겠다.

초의선사(1786~1866), 1786년 4월 5일 나주 군산봉수 아랫자락 삼
향에서 출생했다. 속명은 장의순이다. 성현이나 위인들의 출생은 비범

초의선사가 지은 해남 대흥사 일지암에서.

한가 보다. 의순도 어머니가 큰 별이 품 안으로 들어오는 태몽을 꾸고 태어났다. 현재 초의생가와 기념관을 짓고 현양 사업을 하고 있는 용운 스님에 의하면 초의가 다섯 살 때 강가에서 놀다가 깊은 곳에 빠졌는데 건져 준 스님이 있었다 한다. 그가 누구인지는 모르지만, 심청전의 심학규를 떠올리게 하는 장면이라는 점에서 그 삶을 전환하는 계기가 되지 않았을까 싶다.

입산을 한 것은 여섯 살 때로 알려져 있다. 정식으로 출가한 것은 나주 다도면 덕룡산 운흥사 벽보민성 스님에게 사미계를 받으면서부터다. 이때의 나이가 열다섯이다. 대흥사 기록은 6세에 완호 윤유 스님의 법을 받고 출가했다고 하지만 용운 스님에 의하면 15세 운흥사 출가 이후 대흥사로 옮겨 구족계를 받았고 초의라는 법명을 얻었다고

초의 생가가 있는 마을 전경.

한다. 열아홉 되던 해 영암의 월출산에 올라가 깨달음을 얻었다 한다.
본래 그림 그리는 재주가 뛰어났던 모양이다. 대흥사를 중심으로 다산
정약용, 추사 김정희 등 조선 후기의 문장가들, 화가들과 사귀게 되면
서 재능이 더욱 빛을 발했다. 유학, 도교에 능했고 범패, 서예, 시, 문장
에도 빼어났다. 지금 남아 있는 다량의 탱화들이 초의 작품이다.

　추사 김정희와는 두터운 우정을 나누었는데, 귀양살이하는 추사를
만나러 제주도를 다녀오기도 했다. 둘의 교유는 시편으로 그 정황들
을 확인할 수 있다. 김정희가 말년에 초의선사에게 보낸 '명선茗禪'은
지금도 걸작으로 평가되고 있다. 1824년 그의 나이 39세(혹은 54세 때
라는 기록도 있다)에 대흥사 뒤편에 초암 즉, 일지암을 짓고 40여 년간
차 생활에 정진하다 81세로 일생을 마쳤다. 무안군에서는 용운 스님

과 합작하여 삼향읍 왕산 마을에 초의 생가를 복원하고, 일지암을 당초 모습대로 재현했다. 박물관, 차 체험관 등을 지어 운영하고 있다. 내가 지금 이 글을 쓰고 있는 이 기슭이 초의 생가 언저리다. 이곳에서 초의를 시발로 무안만에서 처음 시작된 것들을 추려 글을 쓰는 것이 우연인지 필연인지 참 기묘하다는 생각을 줄곧 하고 있다.

초의 장의순과 다소 운흥사
—

차와 선禪을 하나로 보아 다선일미茶禪一味라고 했다. 초의선사는 한국 차 문화를 중흥한 인물로 알려져 있다. 근자 들어 차에 대한 관심이 급증하면서 초의에 대한 관심 또한 확산되었고 여기저기 대학에서 관련 학과나 전공들이 만들어지기까지 했다. 초의에 관한 연구자들과 연구들도 쏟아져 나왔다. 그렇다면 초의가 차에 대한 관심을 갖게 된 계기나 지역은 어디였을까? 지금은 대흥사 일지암과 강진의 다산 초당, 무안군 삼향읍 생가 정도가 거론되고 있다. 하지만 차에 대한 그의 지극한 관심은 출가한 운흥사를 중심으로 덕룡산에서 시작했을 가능성이 높다. 운흥사는 덕룡산 한 계곡 건너 불회사와 접해 있다. 백제의 고찰들이 골골마다 들어있던 공간이다. 한 언덕을 넘으면 당시에 바다였던 광활한 영산강 곧 내가 말하는 무안만 바다로 이어진다.

『운흥사진여문중창기雲興寺眞如門重創記』에 도선국사가 터를 잡은 기록이 있다. 본래 덕룡산의 산수를 보고 도성암이라 하다가 웅치사熊峙寺로 바꾸었고 지금의 운흥사로 다시 바꾸었다. 불회사도 수많은 스님들이 수행한 공간이다. 조선 후기에 다소茶所가 있던 사찰이기도 하다.

2. 명선, 고양의 길을 가다

참고로, 다소는 차를 재배하던 지방을 말한다. 소금을 굽는 염소鹽所, 그릇을 만드는 자기소磁器所 등과 같이 서민 집단이 거주하던 행정구역의 하나다. 『세종실록지리지』 전라도 장흥 도호부의 기록을 참고삼아 오려둔다.

> 장택長澤은 본래 백제의 계천현季川縣이었는데, 신라에서 계수현季水縣으로 고쳐서 보성의 영현으로 삼았고, 고려에서 장택현으로 고쳤던 것을 그대로 따랐다가 뒤에 내속시켰다. 두원豆原은 본래 백제의 두힐현豆肹縣이었는데, 신라에서 강원현薑原縣으로 고쳐서 낙안군樂安郡의 영현으로 삼았고, 고려에서 두원현으로 고쳤던 것을 그대로 따랐다가 뒤에 내속시켰다. 도양道陽은 옛 도량도 부곡道良道部曲이다.
> (중략) 다소茶所가 13이니 요량饒良·수태守太·칠백유七百乳·정산井山·가을평加乙坪·운고雲高·정화丁火·창거昌居·향여香餘·웅점熊岾·가좌加佐·거개居開·안칙곡安則谷이다.

나주를 포함한 남도 전역에 자생 차나무가 많다는 점을 유의해 볼 필요가 있지만, 이 절간들이 위치한 현재의 지역명이 다도면茶道面이라는 점을 특히 주목할 필요가 있다. 지역 이름에 차를 내세워 정하는 경우가 많지 않다. 심지어 다도茶道라는 명칭을 쓰고 있으니 연관성을 생각하지 않을 수 없다. 누군가 자생 차 문화와 관련된 연구를 심화하겠다면 다도면을 비롯해 발음이 비슷한 다시多侍 등의 지역명조차도 뒤집어 볼 필요가 있을 듯하다. 하지만 지금까지의 연구결과로는 다도면을 차 문화와 연결시켜 해석할 수 있는지 알기 어렵다. 어쨌든 어린 나이의 초의가 이곳에서 출가 생활을 하며 차와 가까워졌을 것이라는 추정이 이 같은 지명들에 기초한다 해도 무리는 아닐 것이다. 설령 후대인들이 이 같은 작명을 했다 하더라도 그 의미는 훼손되지 않는다.

다성 초의와 다산 정약용

> 내 일찍이 현인 군자를 두루 찾았는디, 궁벽한 이 촌구석에서 찾을 길이 막막했제. 그란데 뜬금없이 하늘이 맹모의 이웃인 양 탁옹(다산의 별호)어른을 보냈은께 내 기쁨을 어찌케 말로 다 하겄어? … 근께 그 어른의 덕업은 나라에서 젤이요, 문체와 자질이 모두 조화를 이루셨어. 평안허게 거처할 때는 노상의 의로움을 품으셨고 실행에 나설 때믄 어질인자를 보였은께, 또한 이미 넉넉한데도 모자란 듯혔고 허심탄회허게 사람들을 받아들이셨어. 그 어른은 또 군자는 때를 만남을 귀하게 여기지만 못 만나도 원망치 않는다고 말씀혔제. 나는 노상 그 어른의 도를 구하고자 멀리서 찾아뵙고 정성드리고 옷깃을 여미며 가르침을 청했은께. … 시상에 벼슬아치들 많지만 어디에도 어진 사람 뵙기는 쉽지 않는 벱이여.

소설가 곽의진이 『향 따라 여백 찾아가는 길』(그림같은세상, 2002)에서, 초의가 소치 허련에게 하는 말을 재구성한 것이다. 초의가 스승 다산을 만난 기쁨과 존경의 마음을 표현한 내용이다. 항간에는 초의가 다산에게 차를 배웠다고도 하고 다산이 초의에게 차를 배웠다고도 한다. 그런데 그게 무슨 소용이겠는가. 앞서 언급했듯이 초의草衣의 초草나 명선茗禪의 명茗, 다산茶山의 다茶가 모두 차茶와 관련되어 있으니 말

2. 명선, 고양의 길을 가다

이다. 이 둘의 관계를 적절하게 설명할 방법이 없다. 간담상조肝膽相照 즉 서로 속마음을 털어놓고 친하게 사귄 정도가 아니라, 문경지우刎頸 之友 즉 서로를 위해서라면 목이 잘린다 해도 후회하지 않을 정도의 사이였을 것이기 때문이다. 곽의진의 이야기를 좀 더 들어본다.

> 다산 역시 승려로서의 온화함과 학문에 대한 깊은 탐구심의 초의를 사
> 랑한다. 그들의 만남은 머루가 차차로 익어 단물을 내듯 달게달게 익어
> 간다. 그것은 스물넷의 젊고 풋내 나는 중 초의와 마흔아홉의 학문에
> 대한 깊이가 한도 없는 대학자 다산과의 연령을 초월한 만남이다. 비
> 록 세태가 난분분해서 유배 생활을 하고 있지만, 그것 또한 하늘이 내
> 린 운명이라 생각한다. 학문 탐구와 백성 사랑하기로 많은 책을 쓰며
> 당당하고 능동적으로 대처했던 덕 있는 군자 다산을, 깍듯하게 제자로
> 서 예를 갖추어 모셨다. 초의와의 만남은 훗날 유배에서 풀려 다산이
> 고향 마재로 돌아가 별세한 후까지 이어졌다. 다산의 두 아들 유산, 운
> 포와도 교유하게 된다. 초의는 혜장이 큰스님의 무상게 합송 속에 열
> 반에 든 후 다산을 위한 차의 보급 일체를 맡게 된다. 수만 권의 책과
> 제자가 늘 옆에 있어도 때로 유배지에서의 적막함을 한 잔의 차로 달
> 래는 다산을 위해서였다.

초의가 다산을 위해 지은 시라는 「탁옹 선생께」를 보면 이 관계가 더욱 선명해진다. 초의가 24세 때 쓴 작품으로 24세의 승려와 49세의 대학자 다산과의 사이에 연령을 초월한 애정과 존경을 나타낸다고 곽 의진은 이 시를 해석한다.

탁옹 선생께

사람을 전송할 때 돈 많은 사람은 재물로써 대하고 어진 사람은 말로써 대하는 법입니다.

이제 스승님을 전송함에 있어 저는 마땅히 드릴 것이 없습니다.

감히 말씀드리는 것은 제가 후일 찾아뵙겠다는 말뿐입니다.

참된 풍습은 멀리 내다 버렸고 못된 버릇만 성행하고 있습니다.

세상에 벼슬아치들 많고 많지만 어디에도 어진 사람 뵙기는 어렵습니다.

속세의 당연한 이치겠지요.

저 역시 이런 시대에 태어나 마음을 닦지 못했습니다.

저의 도리를 행하려 해도 장차 물을 곳이 없습니다.

현인군자를 두루 찾아뵈었지만 결국은 어물전의 잔고기 떼였습니다.

그리하여 여러 고을고을 찾아다니느라 헛되이 좋은 세월만 허송했지요.

하늘이 나를 맹자 어머니 곁에 있게 하였는데 어찌 이곳을 궁벽한 바닷가라 하겠습니까?

스승님이 쌓으신 덕은 글과 말씀으로 나라 안의 으뜸 아니십니까?

잔잔하게 곧음을 품으시고 하시는 일은 어지셨는데 가득 찼어도 기울지 않았으며 사람들의 눈에는 어둔하게만 보였나이다.

군자는 좋은 때를 만나도 평범하며 불행한 일을 당했을 때도 내색 않는 법이며 그 도량이 너무 커서 도무지 그 범위조차 알 수 없고 또 떠돌아다녀도 마음은 매양 평화롭다 하였습니다.

스승께서 나를 깨우쳐주기 위하여 멀리서 찾아오셨는데 이제 또 작별하게 되니 옷자락을 붙들고 드릴 말씀이란 스승님의 가르침을 마음 깊이 새기고 다시 글 올리겠다는 마음 전합니다.

물론 이 관계는 추사 김정희와의 사이에서도 확인된다. 초의 스스로 추사와의 관계를 불망상사상애지도不忘想思相愛之道, 즉 서로를 사모하고 아끼는 도리를 잊지 못하는 사이라고 표현했을 정도였으니까. 추사의 글을 받고 보낸 초의의 답신을 보면 이 둘의 사이가 어떠했는지, 초의의 차에 대한 식견과 위상이 어떠했는지를 짐작할 수 있다.

> 어허허 '초의차'에 환장한 사람이구면
> 마치 양귀비에 중독된 사람맨키로
> 분별없이 글을 쓰셨구면
> 천하에 추사도 초의차 없으면
> 맥 못 쓰고 꼬랑지 팩 꺾이고 마는구면

밖으로는 드러나지 않지만, 당시 강진 만덕사에 있던 혜장과의 사이도 크게 다르지 않으리라고 생각한다. 운흥사에 출가했다가 대흥사로 옮긴 시절, 차에 대한 최고의 권위를 갖고 있던 이가 혜장이었기 때문이다. 한편, 아직 연구되지 않아 발설하기 어렵지만 나는 지금 그 이전에 진도에 유배와 19년여를 잠적해있던 이덕리와의 관계를 추적 중이다. 근자에 정민이 쓴 『잊혀진 실학자 이덕리와 동다기』(글항아리, 2018)에 의하면, 초의보다 앞서 진도에 19년간 유배하였던 이덕리가 차 관련 정보를 가장 많이 가지고 있었고, 관련 글도 썼다고 한다. 조만간 이 관계를 밝힐 수 있는 날이 오지 않을까 생각한다.

『다신전』과 『동다송』으로 보는 차 문화

『동다송東茶頌』을 흔히 한국의 다경茶經이라 한다. 1837년 그의 나이

52세 되던 해에 홍현주에게 보낸 저술로 신농씨의 기원설을 담았다. 처음에는 '동다행'이라 했는데 뒤에 '동다송'으로 바꿨다. 용운 스님이 정리한 동다송의 대의 세 가지를 소개해둔다.

첫째, 차는 인간에게 너무나도 좋은 약과 같은 것이니 차를 마시라.
둘째, 우리나라 차는 중국의 차에 비해서 약효나 맛이 결코 뒤지지 않는다. 육안다의 맛이나 몽산다의 약효를 겸비하고 있다.
셋째, 차에는 현묘함과 지극한 경지가 있어 다도라고 한다.

육안다六安茶는 중국 안휘성 곽산현에서 나는 이름난 차를 말한다. 옛날 곽산이라는 사람이 육안군에 소속되었기에 붙여진 이름이라고 한다. 몽산다蒙山茶는 사천성의 명산, 아안, 노산, 천회 등 4개 지역 경계에 있는 몽산이라는 곳에서 나는 차를 말한다. 민산의 지맥으로 봉우리가 다섯이 있다고 하고, 그 가운데 봉우리에서 나는 차가 가장 좋다고 한다. 이를 일명 몽정차라고도 하며 당나라 때는 이 차를 최고로 삼았다 한다.

이외에도 주옥같은 저술들이 있지만 1830년 그의 나이 45세에 일지암에서 펴낸 『다신전茶神傳』을 거론하지 않을 수 없다. 차 생활에 필요한 지침서다. 차를 따는 시기, 차를 만드는 법, 보관하는 법, 물 끓이는 법, 차 마시는 법 등 22개 항목으로 자세하게 설명해둔 책이다. 다만 중국의 『만보전서萬寶全書』라는 백과사전 속에 수록된 「다경채요茶經採要」의 원문을 인용해 이름을 달고 발문을 달아 만든 책이라는 점이 아쉽다. 근자에 우리나라 차 문화에 대한 관심이 급증해있음을 보아하니 누군가 초의의 뒤를 잇는 '동다송'을 편찬할 수 있으리란 생각이 든다.

한편, 초의가 대흥사에서 이룬 업적 중 대표적인 것은 차 문화 외에도 불화를 꼽을 수 있다. 그래서일 것이다. 여연 스님은 초의를 다성 즉 차의 성인이라 표현하지만, 용운 스님은 탱화를 잘 그려 당나라의 오도자의 경지에 이르렀다고 표현한다. 현재 대흥사에 보관되어 있는 대부분의 영정 신상은 초의선사가 직접 그렸거나 관여한 것들이기 때문이다. 초의의 예능은 단청으로도 연결된다. 조사들을 모신 '대광명정'과 '범연각'도 초의선사가 직접 지어 단청한 것이다. 대흥사의 불화 조성에 직간접적으로 관여한 것은 이미 잘 알려진 얘기다. 대흥사의 〈준제관음보살도〉와 〈천수관음보살도〉는 초의선사의 가장 대표적인 작품이라 한다. 단청의 특성상 같이 그린 이가 있긴 하지만 어쨌든 초의의 그림 솜씨나 재능이 차에 대한 관심 못지않게 컸다는 점을 말해주는 물증들이다. 바꾸어 말하면 초의는 차의 성인 다성茶聖이자 탱화의 성인 화성畵聖이라고 할 수 있다.

사실 남종화의 대가로 불리는 소치 허련도 초의의 소개로 추사 김정희의 제자가 될 수 있었다. 소치가 추사에게만 영향을 받은 것이 아니라 오히려 초의에게도 영향을 받았음을 추론해볼 필요가 있다. 소치의 그림 중 어떤 측면이 초의의 영향을 받은 것인지 자세하게 분석해보지 못해 차후의 과제로 미뤄 둔다.

다만 한 가지 짚고 넘어갈 것은 소치가 그렸다고 알려져 있는 다성 초의의 초상에 관한 문제다. 현재 이 그림이 초의의 이미지로 굳어 있지만, 소치가 아닌 다른 이에 의해 그려졌을 것이라는 반론이 제기된 바 있다. 내가 이 분야의 전문가가 아니어서 그 시말을 다 알지 못한다. 다만 초상의 형식 자체가 왜색이 짙다는 점에서 소치가 그린 그림이 아니라는 주장이 있음을 부기하여 후학들의 분발을 요청하기로 한다.

삼향 왕산의 차선고도

주지하듯이 차마고도茶馬古道는 비단길보다 먼저 생긴 무역로이다. 중국의 윈난성, 쓰촨성에서 시작된다. 티베트, 인도, 파키스탄 등지를 거쳐 실크로드로 이어진다. 위키사전의 설명을 빌리면, 마방馬幇이라 불리는 상인들이 말과 야크를 이용해 중국의 차와 티베트의 말을 서로 사고팔기 위해 지나다닌 길이다. 차와 말만 사고팔았겠는가. 당연히 이곳을 통해 문화의 교류가 활발했음을 알 수 있다. 전성기에는 유럽까지 연결되기도 했다. 해발고도 4,000미터가 넘는 험준하고 가파른 길이지만 경치가 매우 아름답기로 유명하다. 우리에게 잘 알려진 것은 2007년 KBS에서 6편으로 구성된 차마고도에 관한 다큐멘터리 〈인사이트 아시아-차마고도〉 제작부터이다. 나도 여러 차례 윈난 지역을 방문하여 관련 정보들을 갈무리한 적이 있다. 동양에서 가장 오래된 무역로라고 추정하는 길이기도 하다.

이에 착안하여 나는 '차선고도茶船古道'를 제안한 바 있다. 광의의 차선고도는 멀리 중국으로부터 뱃길을 통해 우리와 연결된 항로 혹은 차도茶道를 말하는 것이고, 협의의 차선고도는 초의선사의 생가인 현 무안군 삼향읍 왕산리 혹은 신기마을에서 출발하여 어린 나이에 출가한 나주의 운흥사로, 다시 평생을 보낸 해남 대흥사의 일지암까지 이어지는 길을 상정해 본 것이다. 지금은 뱃길이 막혀있지만, 물골이 있던 때를 상상하여 이 루트를 재구성한다면 틀림없이 유의미한 결과를 얻을 수 있을 것이라고 생각한다. 세부적인 루트 구성이나 구체적인 실행 계획까지 여기서 얘기할 필요는 없을 듯하다.

다만 꼭 짚고 넘어가야 할 것이 있다. 중국에서 한해륙에 이르는 이

2. 명선, 고양의 길을 가다

초의체험관 연수 수료식 및 초의차회.

른바 차선고도를 설정하기 위함이기도 하지만 초의에 앞선 차 문화 정리의 맥락을 언급하기 위해서이기도 하다. 정민이 쓴 『잊혀진 실학자 이덕리와 동다기』가 그것이다. 관련된 정보만 우선 인용해 본다.

18세기 중반 이후 청나라의 해금 정책이 풀리자 중국의 서남해안에서 북상하는 뱃길이 열렸다. 배를 통한 물류의 이동이 빈번해지면서 서남 연안에 중국 상선의 표착이 부쩍 늘어났다. 특별히 1760년 서해안에 표착한 중국 배에는 황차黃茶가 가득 실려 있었다.

또 이덕리의 「기다記茶」 중 「다설」 제3조에 남은 기록을 보고하고 있다.

경진년(1760, 영조36)에 차 파는 상선이 와서 온 나라가 그제야 차의 생김새를 처음으로 알았다. 이후 10년간 실컷 먹고 떨어진 것이 하마 오래되었는데도 또한 채취해서 쓸 줄은 모른다. 이렇게 보면 우리나라 사람에게 차는 그다지 긴요한 물건이 아니어서 있고 없고를 따질 것이 못 됨이 분명하다. 비록 물건을 죄다 취한다 해도 이익을 독점한다는 혐의는 없을 것이다.

정민은 이외에도 박제가의 『북학의』를 인용하며 1760년에 왔다는 표류선의 존재를 보고하고 있다. 황차와 관련된 내용이다. 이후 1762년 11월 7일자 『승정원일기』에 등장하는 표류선 기사가 흥미롭다.

영의정 신만이 말했다. "고군산 표인漂流人이 싣고 온 물건이 많게는 300바리에 이르는지라 운송하는 데 어려움이 있습니다." 좌의정 홍봉한이 말했다. "호조에서 계산하는 인원을 파견해 값을 쳐서 대신 지급하는 것이 좋을 듯하오." 우의정 윤동도가 말했다. "호남의 백성에게 300바리나 되는 물건을 운반하게 해서는 안 됩니다." 상께서 정존겸에게 명한 글에서 말씀하셨다. "이제 들으니 고군산 표인이 싣고 온 물건을 운반해올 것 같으면 300바리나 된다고 한다. 이러한 때에 어찌 본도의 백성을 쓰겠는가?" … 상께서 말씀하셨다. "황차 잎이 올라오면 틀림없이 다투어 이를 살 것이오." 봉한이 말했다. "비록 백성이 아니라 신 등도 또한 사고 싶습니다." 상께서 말씀하셨다. "술이 없기 때문인가? 중관 중에 식용 소금으로 술 마시는 것을 대신하는 자가 있다더구나." 홍봉한이 말했다. "근래에는 차로 술을 대신해서 제사 지낼 때 씁니다."

정민은 사흘 뒤인 11월 12일자 『승정원일기』를 인용하며 또 중국 표류인들이 가져온 황차를 언급하고 있다. 그러면서 이렇게 얘기한다.

> 표류선 관련 기록에서 황차가 등장하는 것은 이때가 유일하다. 고군산진에 표착한 절강 상인의 배에 황차엽이 대량으로 실려 있었고 당시 금주령 상태에 있던 조선에서 이 황차는 제사 때 쓰는 제주祭酒 대신으로 각광을 받아 수요가 갑작스럽게 급증하게 되었던 사정이 짐작된다.

이 시기 중국 남쪽 배들의 서남해안 표착이 상당히 빈번해지기 시작했고 금주령 하의 시대 상황과 맞물려 황차가 특수를 누리면서 비로소 차의 존재가 조선인의 뇌리에 깊이 각인되는 계기가 마련되었다는 것이다.

나는 초의가 차를 가까이하게 된 것도 이런 시대적 맥락과 연결되어 있다고 생각하고 있다. 초의를 제대로 알기 위해서는 이덕리를 공부할 필요가 있다. 초의 이전의 이덕리에 대한 정보는 정민이 거의 유일하고도 상세하게 연구해놓았기 때문에 적극적으로 참고할 필요가 있다.

> 연하煙霞가 난몰難沒하는 옛 인연의 터에
> 중 살림 할 만큼 몇 칸 집을 지었네
> 못을 파서 달이 비치게 하고
> 간짓대 이어 백운천白雲泉을 얻었으며
> 다시 좋은 향과 약을 캐나니
> 때로 원기圓機로써 묘련妙蓮을 펴며
> 눈앞을 가린 꽃가지를 잘라버리니
> 좋은 산이 석양 노을에 저리도 많은 것을

초의선사가 일지암을 짓고 지은 시라 한다. 일지암을 아는 사람들은 이 시가 형용하고 있는 풍경을 금방 떠올릴 수 있다. 짙은 운무 출몰하는 비경과 초암에 앉아 차 한잔하는 즐거움이 보이지 않는가. 대흥사 일지암이 지금은 운용의 묘를 살린 탓인지 여러 채의 절간들이 들어서 있지만, 그 중심은 예나 지금이나 초암 곧 일지암에 있다. 추사 김정희와 다산 정약용을 비롯한 각양의 인사들과의 교류가 낳은 총화라고나 할까. 이후 추적해볼 요량이지만 여기에 초기 가톨릭의 숨겨진 영향까지 거론한다면 불선佛禪을 넘어선 유불선기儒佛仙基를 거론해도 무방하리라 본다.

나는 여기서 무안만의 차와 이를 재구성할 차선고도에 대해 '고양의 길'이라는 표제를 붙였다. 불교 중심으로 차 문화가 확장되었고, 스님들 중심으로 차 생활이 보편화된 것도 어찌 보면 스스로를 고양하는 첨단의 콘텐츠이기 때문일지도 모른다. 차와 명상, 힐링, 수련, 영성 등의 조합을 이룬 다종다양한 프로그램들이 있는 것을 보면 이를 쉽게 짐작할 수 있다. 그중 대표적으로 거론되는 것이 추사가 남긴 '명선'이라는 글씨다. 추사가 초의에게 지어준 호이기도 하다. 무안만 삼향읍 왕산리 초의선사 생가에도 이 글씨를 걸어두었다. 대개 이를 '차를 마시며 선정禪定에 든다'라는 뜻으로 해석한다. 문자 그대로 명茗은 차의 싹을 말하는 것이니 차를 마시며 선을 행한다는 것 아니겠는가. 구구절절한 해석은 생략하지만 결론적으로 차는 명상이나 요가, 이른바 마음수련에 있어 최고의 콘텐츠인 것만은 틀림없는 것 같다. 무안만에서 처음 시작된 것들이라는 제호 아래 초의의 차를 맨 처음 거론한 것도 이런 고양의 뜻을 염두에 두었기 때문이다.

고양만 있는 것이 아니다. 무안만의 또 하나 획기적인 콘텐츠가 각

초의 차 예법에 따라 차 의례를 진행하고 있다. 광주전통문화관에서.

설이와 품바다. 이 둘을 합쳐 각설이품바라 불러도 크게 틀리지 않다. 이는 초의의 차와 정반대로 스스로를 가장 밑바닥에 내려놓지 않으면 연행할 수 없는 연행 혹은 공연 장르이기도 하다. 나는 이를 '하방下放' 이란 개념으로 정리해두었다. 이런 우연이 있을까? 아니면 필연일까? 스스로를 고양시키거나 하방시키는 극과 극의 콘텐츠, 그것도 그 시원이라 얘기하는 콘텐츠가 지금의 영산강 즉 무안만에 공존하고 있다는 사실 말이다. 그래서 두 번째 이야기는 나를 하방시키는 최적의 프로그램 각설이와 품바로 이어간다.

3
───────

각설이품바의
본향을 찾아서

현행 각설이패들이 갖는 연희, 특히 길거리
연희로서의 맥락을 한국의 전통문화라는 맥락
에서 주목하고 그 계승 방안을 도모할 필요가
있다. 장터 각설이패의 현재적 의의는 우리 전통
연희 중의 버스킹, 곧 길거리 연행의 대표적 장
르라는 점에 있다. 이 길거리 공연예술 전통을
승계한다는 점에서 전통성을 주장할 수 있다.
장터나 축제장에서 자연스럽게 연행되고 있다
는 점에서 현재성을 주장할 수 있다. 특히 스스
로를 내려놓는 방식으로 공연한다는 점에서 힐
링의 의미를 추출할 수 있고 그런 점에서 미래지
향적이라고 생각한다. 전통의 승계보다 후대의
재구성이 어쩌면 더 중요할지도 모른다.

품바타령의 연행자는 누구인가

각설이타령에 대해서는 이 책과 시리즈 격인 졸저 『남도를 품은 이야기』(다할미디어, 2022)에서 '나를 내려놓는 방식에 대하여'라는 주제로 간략하게 다루었다. 본고에서는 그와 중복되지 않는 선에서 각설이와 품바의 내력과 가장 낮은 자리로 내려놓는 방식에 대해 언급해두기로 한다. 다소간 중복되더라도 언급하는 이유는 무안이 우리나라에서 가장 마지막까지 각설이 공동체가 남아 있던 지역이며 이에 영향받아 저 유명한 김시라의 품바타령이 탄생한 곳이기 때문이다. 각설이와 품바의 본향이라고나 할까.

각설이타령이 오늘날 전국의 축제 등에서 자생적으로 노래될 만큼 확장된 배경에는 김시라(본명 김천동, 1946~2001, 무안군 일로읍 출신)의 일인 창극 '품바'가 톡톡한 역할을 했다. 이 타령을 확산시킨 이들이 연극인들을 포함한 일명 각설이패임에는 이견이 없어 보인다. 축제장

여성 분장을 하고 공연하고 있는 각설이 품바. 남도 지역 축제에서.

뿐만 아니라 칠순, 팔순잔치 등 개별 잔치에 각설이패의 연행이 미치는 영향이 매우 크다.

'각설이'는 전통적인 '각설이패'를 지칭하는 용어다. '품바'는 '연극 품바'를 연기하는 집단의 통칭이다. 하지만 오늘날 오일장과 축제판을 유랑하며 연희활동을 하는 다양한 패거리들이 스스로를 품바라 한다. 이 때문인지 일반인들은 각설이 형식의 유랑 패거리들을 품바라고 인식한다. 당사자들이 그렇게 주장하는 데는 모종의 관련성이 있다. 현 단계 품바의 뿌리가 어디 있으며 그것이 어떻게 확산되고 또 연극적인 모양새를 갖추게 되었는가를 추적해야만 오늘날 우후죽순으로 연행되고 있는 일명 각설이의 실체를 이해할 수 있다. 연행 형태는 전통적인 각설이를 취하지만 당사자들은 품바로 호명되기를 원하고 또 스스로 품바라 부른다. 각설이보다는 품바가 격이 더 높다고 생각하기 때문인 것으로 보인다. 그래서 나는 '각설이품바'라는 명사조합을 고안하여 사용하고 있다. 이 명칭은 오랫동안 무안 지역에서 각설이품바보존회를 이끌어오던 조순형 회장에게 영향 받아 작명한 것이다.

각설이패를 비롯한 유랑패나 충북 음성 지역을 포함한 전국의 천사촌 구성원들이 사회에서 소외되거나 또는 사회를 비판하는 세력들이었다는 점은 이미 잘 알려져 있다. 이들을 거론할 때 민초들의 마음 깊숙한 곳에 쌓였던 울분과 억울함, 그들에 대한 멸시나 학대 등이 한숨으로 뿜어져 나오는 한이 깃든 소리라는 주장 등이 있다. 품바란 가진 것 없는 허虛, 텅 빈 상태인 공空, 도를 깨달은 상태에서의 겸허함을 의미한다고들 한다. 구걸할 때 '품바'라는 소리를 내어 '예, 왔습니다. 한 푼 보태주시오. 타령 들어갑니다.' 등의 쑥스러운 말 대신 썼다는 주장들도 있다. 또 한자의 '품稟' 자에서 연유되어 '주다', '받다'의 의미가 있다는 주장도 한다. 또 다른 의미로 품앗이, 품삯 등에 쓰이는, 일하는 데 드는 수고의 의미인 '품'에서 연유했다고도 한다. 하지만 견강부회일 수도 있을 주장들을 심도 있는 검토 없이 마구잡이로 수용하기는 어렵다.

수십 년 전까지 전국에서 유일하게 남아 있었다고 하는 무안군 일로읍 천사촌 사람들이 모두 예술적으로 승화된 품바타령 연행자들이었는지는 확인되지 않는다. 오히려 생계를 위한 걸식 행위에 초점을 두고 있었던 사람들이 많았을 것이기 때문이다. 그럼에도 이를 우호적으로 평가하는 것은, 사회에서 소외되거나 도피하는 사람들 혹은 시대 상황을 품바타령이라는 예능으로 풀어냈던 측면을 더 우선하여 평가한 때문으로 보인다. 그래서 현존했던 각설이패를 이해하기 위해서는 무안군 일로읍 천사촌을 검토해야 한다. 각설이패에 대한 인식은 부정적인 면도 있지만 긍정적인 측면도 많았다는 점을 현지인들의 구술을 통해 확인할 수 있다. 동물춤의 일인자 공옥진이 해방 이후 귀국하여 두 번 씩이나 공동생활을 했던 광주와 정읍의 각설이패들도 주목의 대상이다. 김시라의 일인 창극 품바—이를 흔히 연극 품바라고 한다—가 이들 걸인문화를 예술적으로 승화시킨 것은 부동의 사실이다. 시대를 풍자하여 일인 연극으로 만들었던 형태였기 때문이다.

품바라는 명칭은 조선 말기부터 쓰인 호명 방식이다. 그 이전에는 각설이로 부르는 것이 보편적이었다. 더 거슬러 올라가면 재인, 화척, 달단(광의의 의미에서는 타타르족에 속한다) 등의 이름을 발견할 수 있다. 박전열 등에 의해 연구되었듯이 오늘날 품바란 이름으로 회자되는 일종의 유랑형 연희패들의 맥락은 기왕의 각설이패에서 찾을 수 있다. 현재 전국의 오일장과 축제판을 중심으로 퍼져있는 품바들의 확산에는 연극 품바를 창시했던 김시라의 영향이 지대하다는 점 거듭 상기해 둔다.

마지막 각설이, '자근이패'

—

조선왕조실록에서 지적하듯이 강원도에서 경상도로, 그리고 전국으로 확산되었던 달단과 화척 혹은 재인 등 유랑패는 특히 장문을 매개로 구걸 및 연행을 이어 나갔다. 1472년 『성종실록』을 보면 전라도 무안에 '장문場門'을 열었다는 기사가 나온다. 이를 보통 전국 최초의 향시鄕市라 해석하고, 유랑 연희패들이 즐겨 찾았을 현장이라고 말한다. 물론 무안 향시에서 각설이패들이 연행했다는 직접적인 기록은 없다.

하지만 윗 기사들을 종합해봤을 때 각설이들이 모여든 장소였을 것임을 어렵지 않게 추정해볼 수 있다. "전라도 무안 등 모든 고을에서 상인들이 장문이라 일컫고 여러 사람이 모여 폐단을 민간에 끼친다 하니", "경인년에 흉년이 들었을 때에 전라도의 백성이 스스로 서로 모여서 시포를 열고 장문이라 불렀는데"라는 대목 등이 그것이다.

이뿐만이 아니다. 1809년 『순조실록』에 "무안현감 서준보가 상소하기를, 떠도는 걸인들이 무리를 이루고 있습니다. 무안 지역 장포가 전부 텅 비어있고, 어미는 자식을 버리고 남편은 아내와 결별하여 길바닥에는 죽은 시체가 잇따르고 떠도는 걸인들이 무리를 이루고 있습니다"는 내용도 살펴볼 필요가 있다. 이들이 구걸을 하며 음악을 연행했다는 기사는 없지만 앞선 기록들과 비교해 보면 각설이패이거나 혹은 부랑인들이 각설이패로 유입되었을 정황을 짐작해볼 수 있기 때문이다. 그렇다면 이들 재인, 화척, 달단 등의 패거리들은 조선 후기에 소멸되었을까?

구한말과 해방기를 거치면서 잔존해온 몇 가지 형태를 확인할 수 있다. 그 대표적인 예가 무안군 일로읍에 현존했던 '천사촌'이라는 걸인 집단이다. 이들을 흔히 각설이패라고 부른다. 무안의 김자근이 그 계승자로 지목된다. 일로읍 의산리에 천사촌 마을을 형성하고 전라도 일대를 유랑하며 구걸을 했고 그때마다 장타령, 숫자타령, 각설이타령 등의 민요와 춤, 장기들을 선보였다. 내가 변남주 교수, 송기태 교수 등 공동연구원과 조사한 기록(무안군 발주, 2003년)을 인용해둔다.

일명 '무안 품바'의 원형격인 김자근에 대하여 세간에 알려진 내용은 불분명하다. 김자근이 항일운동가라거나 반공산주자였으며 활동 공간이 전국적이었다는 점 등은 사실과 다르다. 시나리오 작가 겸 연출가인 김시라의 모노드라마 '품바'와 그의 소설에서 가져온 내용일

뿐이다.

김자근과 김시라는 동향이다. 본명은 김자근이지만 지역 사람들에게는 천팔만 또는 천자근千八根으로 알려져 있다. 김시라의 모노드라마 주인공 이름은 천장근이다. 주소는 일로읍 의산리 888번지다. 본명이 김자근이며 별명이 거지대장이라는 것은 여러 제보에서도 확인된다. 서남해 사람들은 보통 '자근이패'라 불렀다. 1980년대에 '품바패', '천사패'로 불린 것은 김시라의 품바 영향으로 보인다. 일로, 몽탄, 무안읍, 함평, 영산포, 나주 등 오일장을 주로 돌아다니며 걸식을 했다. 장날이 아닌 때에도 동냥 활동을 했다. 사람들은 자근이패에게 쌀, 보리, 돈 등을 주었다.

거처이기도 한 일로장에는 상시 출현했다. 주로 목포시 연동의 연동다리와 목욕탕, 평정, 이산, 해창, 사창, 몽강, 동암 인근, 상봉, 상동, 엄다 등에서 걸식했다. 부잣집에서는 봉투를 받기도 했다. 주조장에서 막걸리를 마시고 목욕탕에 와서 안주를 달라고 해서 먹기도 했다. 주민이 밭을 매고 왔더니 5~6세 먹은 아들이 집안의 쌀 전부를 퍼주었다는 증언도 있다. 제삿날, 초상집, 잔칫집에는 꼭 나타났다. 지장리산에서는 구렁이를 잡아 손에다 감고 다녔다고도 한다. 제보자들이 이구동성으로 김자근이 매우 착했으며 도둑질도 하지 않고 다른 사람을 때리지도 않았다 한다. 하지만 몸집은 작아도 다부져서 싸움질을 잘했다고도 한다. 삽을 가지고 다니며 남의 논의 물꼬를 봐주어 칭찬을 받기도 했다. 살던 마을인 의산리에서는 걸식하지 않았다. 인근에 있는 옥계마을에 한 번 오면 밥을 몽땅 주었기 때문에 미처 못 먹은 밥을 말리기도 했다. 고기를 달라고 투정을 부리기도 했다. 명절에는 일로읍 관공서에 돈 봉투 받으러 순회했는데 주는 대로 받아갔다. 이

돈으로 패거리들에게 술을 사주었다. 밥 얻어 온 것은 패거리들이 서로 분배했다.

자근이패의 연행에 대한 기억들이 많다. 자근이패는 혼자가 아니라 2~4명이 한 조로 움직였다. 서로 마주 보면서 깡통을 두드리고 발을 구르며 고개를 흔들며 노래를 했다. 당시에도 이 패거리를 품바라고 했지만 제보자들의 기억만으로 각설이를 품바로 부른 시점을 분별하기는 어렵다. 걸식할 때 바가지나 깡통을 두드렸다. 다른 악기는 사용하지 않았다. 이들이 부르는 노래를 품바라 칭하지 않고 일반적으로 '장타령'이라 했다. '자근이'는 노래를 하지 않고 다른 팀원들이 했다. 같이 활동하던 김자근의 사위 김광진은 장타령을 잘했다. 일반적으로 '몽탄장에 자근이패 보러 간다'는 말이 회자될 정도였다. 자근이패를 마을 아이들이 졸졸 따라다닐 정도로 인기가 많았다. 냇가로 장을 옮겨 난장(비정기적으로 임시 장을 여는 형태)을 틀 때 자근이패가 반드시 참석했다.

걸식할 때 부른 노래를 기억하는 이들도 많다. "품바 품바 잘한다", "작년에 왔던 각설이 죽지도 않고 또 왔네. 이러고저러고 다녀도 부잣집에서 나왔네. 천자불이 일월 상상 이월 사월~" 등이다. 가정집에 들러서도 장타령을 불렀다. "품~품~품" 하는 후렴을 했다. 이를 흔히 입방귀 뀐다고 했다. 일반적으로 환갑잔치에 찾아다니며 춤추고 노래를 불러 분위기를 돋우었다. 상갓집에서는 노래는 하지 않고 밥만 먹고 갔다.

이상의 현지 정보들을 종합해 보면 자근이패의 성격이 명료해진다. 걸식하면서 일명 장타령 등의 예능을 팔았음을 확인할 수 있기 때문이다. 이들이 어디에서 흘러들어왔는지 알 수는 없다. 호적과 각종 제보들을 통해 어렴풋이 확인할 수 있는 것은 영암 지역에서 활동하다 무안 일로장터로 들어와 정착했다는 정도를 추정할 수 있을 뿐이다. 호적의 이름과 실제 이름, 훗날 사람들이 기억하는 이름들이 모두 다르다. 조선왕조실록에 거명되는 재인, 화척, 달단 등의 패거리들과 이후 가루지기타령 등에서 언급되는 각설이패의 전통을 직접 승계했는지 확인하기도 어렵다. 그럼에도 불구하고 자근이패가 각설이패의 전통을 간접적으로 승계한 패거리라고 말할 수 있는 것은 이들이 일상화한 걸식과 그 구걸을 위한 타령의 연행이 있었기 때문이다. 즉 무안군 일로의 자근이패는 장타령이나 각설이타령을 부르며 걸식을 일삼는 조선 후기 각설이패의 전통을 승계한 집단이다.

최초의 품바극과 김시라
—

현재 무안군 일로읍 천사촌 마을 입구에 기념비만 우뚝 세워져 있다. 걸식하던 자근이패가 김자근의 죽음과 함께 해산했기 때문이다. 그렇다면 이들 전통적인 각설이패의 유형을 가지고 있는 유랑패들은 소멸되었을까? 의견이 갈릴 수는 있겠지만 두 가지 방향에서 그 맥락이 전승되어 온다고 말할 수 있다. 첫째는 장터나 축제판을 옮겨 다니며 각종 연행으로 생계를 이어가는 이른바 각설이패들이다. 이들은 스스로를 품바라 부른다. 자근이패를 직접 상속받은 것은 아니지만 변형된 걸식의 형태와 유랑 연행의 패턴이 같다. 특히 표제 삼고 있는 각설이타령이 같다.

두 번째는 걸식의 형태가 완전히 없어진 예술의 측면을 거론할 수

연극 품바를 창안한 김시라.

있다. 김시라의 모노드라마 '품바'는 재론의 여지가 없을 만큼 명료하다. 걸식은 사라졌으되 그 연행 중 일부가 예술의 형태로 재구성되었다는 뜻이다. 장타령과 각설이타령을 활용한 일명 노래극이라는 점에서 이 연관성은 검토될 수 있다. 또 하나는 공옥진의 병신춤 혹은 동물춤이다. 이는 논자에 따라 의견이 갈릴 수도 있다. 나는 공옥진이 병신춤—후에 동물춤으로 이름을 바꾸게 된다—이 생성된 배경과 맥락을 들어 각설이패의 영향이라고 주장해왔다. 공옥진에 대해서도 졸저 『남도를 품은 이야기』에서 '진정한 각설이'라는 키워드로 간략하게 다루었다.

장터나 축제장의 각설이패들은 각종 타악기를 연주하고 유행가를 포함한 타령류 노래들을 연행한다. 스스로를 품바라고 부르지만 일반 대중의 인식처럼 각설이패라는 점에서 전통적인 각설이의 패턴들을 승계했다고 보는 것이 합리적이다. 따라서 이들의 연행 형태를 분석하

67

품바의 발자취를 보여주는 포스터들. 자료_ 무안각설이품바보존회

여 전통적인 각설이와의 같고 다름을 분석하는 것은 큰 의미가 없다.

김시라가 창안한 모노드라마 '품바'를 흔히 '연극 품바'라 호명한다. 장터나 축제장의 각설이패와 구분되는 지점이다. 각설이 활동과 각종 타령류의 노래를 소재로 만든 연극 작품이 '품바'라는 뜻이고, 장터 등의 연행은 그야말로 전통적인 각설이패의 맥락을 계승한 형태라는 뜻이다. 여기서 추적하는 것은 걸식의 형태가 아닌 예술의 형태로 확장 혹은 재구성되었을 가능성에 관한 것이다. 김시라의 품바와 광주와 정읍 다리 아래 각설이패의 영향을 받아 탄생했다고 하는 공옥진의 동물춤을 주목했던 이유가 여기에 있다.

김시라가 창안한 모노드라마의 성격에 대해 명확한 정리는 되어 있지 않다. 고수를 대동한 창唱하기 방식이라는 점에서 판소리의 연행

3. 각설이품바의 본향을 찾아서

형태를 인용한 장르라고 할 수 있다. 마당에서 연행하니 마당극의 한 형태라 할 수도 있다. 하지만 판소리라 말하기도 어렵고 마당극이라 말하기도 어렵다. 대중 일반이 호명하는 연극 품바 혹은 모노드라마만 으로 정의하기도 석연치 않다. 판소리라 하면 판소리계에서 반대하고 모노드라마라고 하면 연극계에서 반대한다. 전통이라는 권위를 이미 획득한 판소리나 마당극의 입장에서는 걸식하는 사람들의 문화였을 각설이를 소재로 하거나 동물춤 따위로 비하되는 몸짓 등이 불편할 수도 있다. 독특한 장르임에는 틀림없다.

민요의 맥을 살펴본다. 각설이타령의 일종으로 이해되는 장타령의 전통은 일로장을 포함한 남도 지역 장돌뱅이들의 엿타령, 장타령, 각 설이타령의 맥을 잇고 있다. 판소리 가루지기타령은 신재효가 정리한 사설 중 가루지기타령, 각설이타령의 맥을 보여준다. 판소리의 전통은 1명의 고수를 두고 1명의 창자가 일인 다역의 소리를 진행하는 형식인 데 품바가 바로 이 점을 모방하여 그 전통을 승계하고 있음을 주목한 다. 창극의 전통이라고나 할까. 김시라 이후 우후죽순 확산된 품바 공 연에서 나타나는 현상들 말이다. 역할별 분창을 하고 각종 악기나 연 기를 도모한다는 점에서 창극적 성격을 엿볼 수 있기 때문이다. 산업 화 시기 급속하게 확산된 우리 것 찾기의 일환으로 민요운동, 마당극 운동의 맥을 잇고 있다는 점에서도 주목의 대상이다. 하지만 판소리와 창극 혹은 마당극 장르라고 단정하기 어렵다.

용례의 검토가 중요하다. 대부분은 '모노드라마'라고 하거나 '품바' 혹은 '연극 품바'라고 한다. 품바 자체가 하나의 장르 명칭으로 용인되 고 있음을 알 수 있다. 반면에 공옥진은 자신의 연행 장르를 '일인 창 무극'이라고 호명해왔다. 판소리와 몸짓을 엮어 만든 일종의 창극인데

한 사람이 연행한다는 취지다. 나는 김시라의 창작극을 포함한 연극 품바 일반을 '일인 창극'이라는 장르 명칭을 사용해야 한다고 보는 입장이다. 모노드라마이긴 하지만 고수를 대동한다는 점에서 판소리에 가깝고 각종 타령류의 노래를 중심으로 이루어진 노래극이라는 점에서 오히려 창극에 가깝기 때문이다. 다만 공옥진이 연행했던 몸짓이 크게 드러나지 않는다는 점에서 춤을 제외한 일인 창극이라는 용어를 사용하는 것이 합리적이지 않을까 생각한다. '일인'이라는 수식을 단것은 판소리를 극화시킨 '창극'과 변별하기 위한 방편이기도 하다.

그렇다면 일인 창극 품바가 어떻게 각설이와 연관되는 것인가? 김시라와 자근이패의 김자근이 같은 마을 출신이라는 점이 의미심장하다. 김자근과 동향인 일로읍 의산리 출신인 김시라가 모노드라마 품바를 만들어 일로읍 마을회관에서 시연하고, 이후 폭발적인 호응에 힘입어 목포, 광주를 거쳐 서울로 진출하게 되었다는 점에 주목한다. 수천여 회의 공연을 기록하며 기네스북에 오르는 등 전성기를 구가했다.

연극 품바는 무안군 일로읍 지역 인의예술회의 연극 〈친애하는 각설이 동지 여러분!〉에서 출발한다. 인의예술회는 1978년경 김시라가 무안 일로읍의 청년들을 모아 만든 단체다. 낙향한 김시라가 기획한 지역문예운동이라 할 수 있다. 명칭을 '인의'로 한 것은 일로읍의 인의산仁義山 때문인 것으로 알려져 있다. 소설 『품바시대』에서도 이를 자세하게 설명하고 있다. 지역의 청년들이 준비한 예술제에 대한 주민들의 관심과 호응은 폭발적이었다. 품바의 초기작이라고 할 수 있는 〈친애하는 각설이 동지 여러분!〉은 1981년 제2회 인의예술제에서 초연됐다. 연극의 제목을 〈품바〉로 변경한 것은 목포 공연을 거쳐 진출한 1982년 광주 공연 당시로 추정된다. 이후 문화그룹 '태멘'이 서울로 캐스팅

하면서 조일도 연출을 결합시켜 완성도 높은 작품으로 재탄생하게 된다. 초기 포스터나 공연 홍보에 '김시라 작, 조일도 연출'로 소개되는 것도 이러한 이유이다.

김시라는 아버지가 운영하던 방앗간 리어카에서 책을 보다 언덕 아래로 떨어진 적이 한두 번이 아니었다고 고백한다. 문학도였다는 뜻이다. 월남전에 파병된 친구가 쓴 70여 편의 시집 노트를 유품으로 받게되면서 현실에 눈을 뜨게 되고 시작 활동에 매진한다. 인의예술회 창립 후 5·18 민중항쟁이 발생한다. 이에 격분하여 '국민國民의 고함'이라는 서사시를 썼고 이를 고쳐 쓴 것이 연극 품바라고 할 수 있다. 광주의 원혼을 달래려 시작한 것이 품바였다는 얘기다.

〈친애하는 각설이 동지 여러분!〉이라는 작품 초기의 제목에서 보듯이 내용은 각설이와 밀접한 관련이 있다. 자근이패 대장 김자근을 모티프 삼은 창작 스토리인 셈이다. 김자근의 큰딸과 초등학교 동창이라는 점도 주목의 대상이다. 친구의 아버지가 각설이패 대장이라는 점을 인지했을 것이고 이후 5.18 등 사회의식이 싹트면서 민중에 대한 영향을 받았을 것이기 때문이다. 〈품바〉에서 천장근이라는 각설이패 대장을 내세워 스토리를 만들었던 것이 우연이 아니었다는 뜻이다. 항간에 각설이패 김자근을 천장근으로 알고 있는 까닭이 여기에 있다.

박성안의 구술을 참조해 보면, 1960~70년대까지의 자근이패와 함께 했던 걸인들은 군대를 기피할 목적으로 잠시 기거하는 사람, 사회로부터 도피하고자 들어온 사람, 엘리트나 학식을 갖추었으면서도 일시적 사정에 따라 들어온 사람 등 다양한 계층이었다고 한다. 극중 주인공인 천장근이 실제 일로읍 천사촌의 김자근을 모델로 했다는 점은, 걸인들이 김시라의 부모 댁에 자주 들렀다는 점에서도 추측해볼 수 있다.

김시라는 〈품바〉에 대해 "이 연극은 세미 다큐멘터리 형식으로 주인공의 일제 치하 당시와 6·25, 그 후의 행적을 실제에 가깝게 접근 또는 추정하여 구성하였으나 대사의 내용은 실제 인물과 무관하며 작가가 극의 승화를 위해 작품화했음을 밝힌다."라고 했다. 하지만 내용 전반을 보면 친구 아버지이던 거지 대장 김자근의 일대기를 구체적으로 조사하여 극의 토대로 삼았다고 할 수 있다.

가장 낮은 자리로 나를 내려놓기
ㅡ

본고가 가지는 의의 중의 하나는 각설이의 전통이 조선왕조실록의 기록에 나오는 재인, 화척, 달단 등의 유랑패로부터 비롯되었다는 점을 비롯해, 유랑하며 걸식하던 각설이의 예술을 현재의 연극과 춤이라는 형태로 재구성한 사례를 이해하는 단서를 제공하는 데 있다고 생각한다. 각설이는 걸식과 그것을 위한 각설이타령 연행이라는 특징을 가진다. 각설이타령의 존재는 신재효의 가루지기타령에서 등장하지만 이전 유랑패들이 예능과 기예를 팔아 걸식했다는 점에서 충분한 상관관계가 있다고 보았다. 조선 후기까지 걸식과 예능을 일상화하던 각설이패는 소멸되지 않았다. 예능과 걸식을 일삼던 무안군 일로읍 자근이패에게서 그 흔적을 찾을 수 있기 때문이다.

김자근의 사망 후 각설이패는 소멸된 듯 보이지만 걸식의 형태가 아닌 예술적 재구성을 통해 확산된 사례를 확인해보았다. 김시라의 일인 창극 〈품바〉와 공옥진의 '병신춤'이 그것이다. 걸식의 맥락을 제외하였으므로 전통의 재구성이라는 표현이 적절할 듯하다. 그보다 앞서 생각해야 할 것은 현행 각설이패들이 갖는 연희, 특히 길거리 연희로서의 맥락을 한국의 전통문화라는 맥락에서 주목하고 그 계승 방안을 도모할 필요가 있다는 점이다. 장터 각설이패의 현재적 의의는 우리 전통 연희 중의 버스킹, 곧 길거리 연행의 대표적 장르라는 점에 있다. 이 길거리 공연예술 전통을 승계한다는 점에서 전통성을 주장할 수 있다. 장터나 축제장에서 자연스럽게 연행되고 있다는 점에서 현재성을 주장할 수 있다. 특히 스스로를 내려놓는 방식으로 공연한다는 점에서 힐링의 의미를 추출할 수 있고 그런 점에서 미래지향적이라고 생각한다. 전통의 승계보다 후대의 재구성이 어쩌면 더 중요할지도 모른다.

김시라는 이렇게 얘기한다.

타령은 분위기와 상황에 따라 각양각색이어서 경사나 잔칫집에서는 흥겹고 신명 나며, 초상집이나 제삿집에서는 애절하거나 숙연하게 부르는데 때로는 위로한답시고 우스운 동작이나 재미있는 사설로 웃기는 경우도 있어 같은 곡조라도 상황에 따라 웃음과 울음이 크게 교차된다. 타령을 부르면서 일정한 격이 없는 께끼춤, 거드름춤, 곱추춤 등의 신명 나는 자율적인 몸짓을 해댄다.

두 번의 각설이패와의 생활 속에서 공옥진이 찾아낸 모티프도 이것이었다고 나는 주장해왔다. 이들은 군집생활을 하면서 걸식을 하거나 당대 사회에 반항하는 등의 이슈를 만들어냈다. 현재 전국의 장터, 축제장, 잔치마당에 일명 '난장 각설이'들이 수백 명 활동하고 있다. 무안군의 경우를 보면, 각설이품바보존회가 결성되어 10여 년 이상 전승, 창작, 보존 등의 활동을 해왔다. 김시라의 미망인 박정재와 자녀들을 중심으로 극단 가가의회가 연극 품바의 전통을 이어오고 있기도 하다. 난장의 각설이들 이른바 버스킹 품바 외에도 각설이의 전통을 승계하며 재구성해가고 있는 여러 노력이 있음을 확인해볼 수 있다.

차를 통해서 스스로를 고양시키고 각설이품바 연행을 통해 스스로를 하방下放시키는 일은 극과 극이 아니라 대칭이라고 생각한다. 이 둘을 아우를 수 있는 공간이 무안일 수 있는 것은 그 시원이 되었던 곳이기 때문이다. 자신을 내려놓는 프로그램은 다종다양할 수 있다. 이무석은 자존감을 이렇게 얘기한다. "자존감과 열등감은 외적인 조건의 문제가 아니라 자신을 바라보는 관점의 문제다. 같은 고졸이라도 자존감이 높은 사람은 떳떳하고 당당하지만 열등감을 가진 사람은 수치스럽고 창피하게 여긴다"(『나를 사랑하게 하는 자존감』, 비전과리더십). 그

3. 각설이품바의 본향을 찾아서

'사람들을 치유하는 것이 각설이 정신'이다. 무안 일로읍 의산리는 품바 발상지로 알려진다.
제공_ 무안각설이품바보존회

렇다. 자존감 높은 사람이 거지 옷을 입고 깡통을 차고 각설이 품바타령을 할 수 있겠는가 아니면 열등감을 가진 사람이 그렇게 할 수 있겠는가. 내가 수년간 품바학교를 통해서 얻은 경험은, 지극하고도 높은 자존감을 가진 사람일수록 거지 옷을 입고 얼굴에 각종 해괴한 색을 칠하거나 깡통을 차고 각설이 품바 노래를 부를 수 있다는 점이었다. 열등감이 높은 사람은 절대로 이 연행 혹은 프로그램을 수용하거나 이행할 수 없다. 왜일까? 자신을 가장 낮은 밑바닥으로 내려놓지 못하기 때문이다. 이런 점에서 각설이품바를 활용한 프로그램은 다도茶道로 불리는 차 관련 고양법과 더불어 매우 유용한 자기 성찰법이라 할 수 있다. 자신을 내려놓지 못하거나 내려놓지 않거나 하면 자기가 원하는 그 어떤 것도 얻기 힘들다.

『남도를 품은 이야기』에서도 간략하게 언급해두었지만 각설이품바는 버스킹의 원조 격이라 할 만하다. 버스크를 수입 문화로만 해석하지 말고 무안의 각설이를 버스크의 원조로 해석해야 한다는 주장을 편 이유이기도 하다. 길거리에서 공연한다는 의미의 버스크가 어찌 수입문화뿐이겠는가. 무안은 각설이 공동체가 마지막으로 남아 있던 땅이다. 이를 재구성하여 모노드라마 연극 품바를 김시라가 창안했으니 명실상부한 각설이품바의 본향이다. 무안만에서 처음 시작된 것들 두 번째로 내가 버스킹의 원조 각설이 품바타령을 언급한 이유는 이 연극 혹은 연행 프로그램 방식이 그만큼 유효하다고 생각했기 때문이다.

4

부활의 보금자리,
꼬까비 한산촌

다시 진달래 만개하는 봄이 오면, 목마른 말들이 물을 찾는 형국이라던 봉수산 계곡을 마치 들불처럼 진달래가 뒤덮을 것이다. 임진왜란 때 왜적에 가로막혀 더 이상 달리지 못하고 절명한 서남해 민중들의 핏자국일지도 모른다. 하지만 그 자리에 여성숙이 보금자리를 마련했다. 더 이상 달리지 못하는 사람들을 다시 달리게 해주었다. 그녀의 주문이 귓가를 울린다. 이 사회의 몸뚱이를 갉아먹는 결핵균이 될 것인가. 세상을 혁신할 사람이 될 것인가.

—————————————————— _

달리지 못하는 사람들에 대한 구원

임진왜란, 충민공 양산숙 일가의 살신성인 얘기부터 시작한다. 부활
의 보금자리 디아코니아가 자리 잡은 삼향포에 대한 연고를 상고해 보
기 위해서다. 양산숙은 양응정의 아들이다. 진주성 싸움에서 성이 무
너지자 김천일, 최경회, 고종후 등과 함께 진주 남강에 몸을 던져 순국
했다. 이어진 정유재란, 양산룡은 김천일을 도와 의병에 가담했다. 역
부족이었다. 가족들을 피신시키고자 나주 삼향포(지금의 무안 삼향읍)
에 이르렀다. 뱃길로 막 떠나려 하는데 왜적들이 나타났다. 그와 어머
니 박씨 부인을 비롯한 가족들 모두 바닷물에 몸을 던졌다. 1635년(인
조 13) 나라에서는 이 충절을 기려 제각을 지어 찬양했다. 광주 광산
구 박효동 양씨 삼강문이 그것이다. 양산숙, 양산룡, 양산수, 아들 형
제의 어머니인 죽산 박씨, 누이인 김광운의 처 양씨, 양산숙의 처 광
산 이씨 등을 모셨다. 삼향포에서 왜적들을 만나지 않았으면 어찌 되

갈마설화 조형물을 세워놓은 삼향읍 왕산 포구.

었을까. 서남해 어느 섬에 숨어들었다가 항왜抗倭 활동을 재개했을지
도 모른다. 삼향포 인근 사람들은 양씨 일가를 어떤 방식으로 기억하
고 있을까?

이들이 몸을 던졌다는 삼향포는 지금의 전남도청 인근이다. 조선시
대 임성, 극포, 군산봉수(중등포)를 합하여 나주목 삼향면으로 삼았다.
영산강 안쪽으로는 극포가 있고, 밖으로는 임성과 군산봉수가 있다.
영산포에서 남포, 용포, 극포에 이르는 내안內岸의 물길은 사실상의 바
다다. 나라에서 주관하던 삼해신사三海神祠(조선의 3개 바다에 제사를 지
내던 곳) 중 하나가 바로 남포(지금의 영암)라는 점이 이를 말해준다. 군
산봉수는 서남해 섬으로부터 연결되는 중요한 간봉間烽 중 하나다. 남
으로는 유달산 봉수, 북으로는 고림산 봉수로 이어진다. 임란 때 군산
봉수에서 강강술래를 했다는 얘기가 전해온다. 이 봉수를 중심으로

4. 부활의 보금자리, 꼬까비 한산촌

삼향포의 외안外岸을 형성하는 마을을 왕산旺山이라 한다. 1914년 행정구역 개편에 따라 평산, 왕산, 금동, 마갈, 마동, 동뫼, 덕산 등 7개 마을을 합한 이름이다. 압해도 건너편 바닷가에 인접한 마을이 마갈馬渴이다. 봉수산 남쪽으로 마봉산馬蜂山을 주산으로 삼고 동쪽으로는 복룡마을로 이어지는 마갈 잔등이 있다. 지산마을에는 '질마제'가 있고 인근 몽탄에는 '마산'이 있다. 모두 말(馬)과 관련 있음을 알 수 있다. 그래서인지 풍수쟁이들은 이 지역을 갈마음수渴馬陰水 형국이라 한다. 목마른 말이 물을 찾는 뜻이라나. 왜 이런 전설과 지명들이 생겨났을까?

마봉산과 마주보는 곳 호랑이바위와 얽힌 전설이 있다. 삼향읍 주산 국사봉에 일곱 필의 말이 살고 있었다. 어느 날 말 한 마리가 이곳을 지나다가 호랑이바위를 보고 깜짝 놀라 서해안으로 달아나려고 했다. 하지만 바다가 가로막혀 가지 못하고 그대로 돌말(石馬)이 되어버렸다. 비운의 이야기다. 말과 호랑이는 각각 무엇을 비유하거나 상징하는 것일까? 글쎄다. 비틀고 꽈서 입에서 입으로 전해지는 것이 설화임을 생각해 보면 필시 뜻깊은 사연이 있지 않을까 싶다.

그래서다. 이 설화를 듣고 삼향포에서 몸을 던졌던 양씨 일가를 떠올리는 것은 너무 억지일까? 왜적들만 만나지 않았어도 인근 섬으로 몸을 피했다가 척왜斥倭의 선봉에 서게 되었을 텐데 말이다. 어쨌든 너이상 바다까지 달리지 못해 비운을 맞이한 누군가가 있었을 것임은 추정 가능하다. 사람들은 그 갈급한 처지에 공감했을 것이고, 정사正史에서 비껴선 방식으로 그들을 기억하게 되었을 것이다. 비슷한 바윗돌을 호랑이와 말에 비유하여 전설을 만들어내고 마을 이름이나 산과 언덕의 이름들도 관련하여 지었을 것이다. 그러지 않고서야 봉수산 왕산의 지명들을 이렇게나 많이 목마른 말에 이입했겠는가. 수백 년에 걸쳐 이 지역 사람들이 투사해온 이야기들은 사실 그 이루지 못함에 대한 애석함보다는 다시 이뤄야 할 소망에 무게가 실렸을지도 모른다. 생각이 여기에 미치니 중등포 한 자락을 감싸고 들어선 한산촌 언님 (가톨릭 수녀에 해당하는 개념)들이 떠오른다. 임진왜란과 양씨 일가의 이야기가, 더 이상 달리지 못한 말에 비유된다면, 한산촌 언님들은 더 이상 달리지 못하는 사람들에 대한 구원에 비유될 수 있기 때문이다.

황해도에서 남도 한산촌까지

여성숙 원장이 왕산에 보금자리를 틀고 한산촌을 열었다. 이곳 지명 전설과 비유해 말하자면 더 이상 달리지 못하는 폐결핵 환자들을 위해 한 몸을 던졌다고나 할까? 당시 한센병과 더불어 최고의 질병이라던 결핵을 퇴치하는 것은, 목마른 말에게 물을 주어 다시 살리는 것과 같은 것이었다. 1965년 8월 15일 왕산의 평산 마을에 자리를 잡고, 한 번 밖에 못 사는 인생이라는 뜻에서 '한산'이라 이름 지었다. 이 지역이 왕산, 지산, 덕산 등 '산' 자 지명이 많아, 그 이름들과 섞이고 싶었다고도 했다.

그녀가 밝히지는 않았지만 혹시 선교사들과 여 원장이 함께 생활하던 함경남도 원산 명사십리 바닷가의 송림松林이나 해당화를 생각했을지도 모르겠다. 왜냐하면 원산 명사십리를 이루고 있는 약 6Km의 모래뚝을 '갈마반도葛麻半島'라고 하기 때문이다. 지금은 북한 땅, 이곳 왕산의 목마른 말 형국과는 다른 한자이긴 하지만, 여성숙 일행이 소나무 우거진 바닷가와 왕산의 지명을 차용해 '한산'이라 이름 지었던 까

4. 부활의 보금자리, 꼬까비 한산촌

닭을 음미해볼 필요가 있다.

백용기가 편집한 '한국디아 코니아자매회 25주년 자료 (2005)'에 '한산촌'의 의미를 잘 설명해두었다. 결핵을 치료 하는 방법을 배우고 요양하는 것을 넘어 '한 삶'을 배우게 하 자는 목적을 가지고 있다는 것. 사람들이 말했다. 살다가 지치면 이곳에 와서 '큰 숨'을 한 번씩 쉬고 간다고. 환우들 마다 이곳을 '마음의 고향',

자료집 「전라도를 섬긴 황해도 여의사」 표지.

'뜻의 고향'이라고 하는 이유이기도 하다. 말하자면 몸의 질병을 넘어 영혼의 치유까지 감당해 냈던 곳이라는 뜻이다. 이곳을 거쳐 간 사람 들의 면면을 보면 더욱 실감할 수 있다.

한국디아코니아자매회는 1980년 5월 1일 한국 개신교 최초의 여성 수도공동체로 탄생했다. 민중신학자 안병무를 중심으로 사회봉사가 병행되는 수도공동체를 구상하게 된 것이다. 실천적 모델은 독일 개신 교 기관사회봉사 기구의 하나인 여성봉사수도원 '디아코니아자매회' 다. 남성봉사기관인 디아콘형제회, 병원, 장애인 시설 등이 기관사회봉 사에 속한다. 한국도 설립 2년 후인 1982년 99번째로 세계 디아코니 아자매회에 가입한다. 여성숙의 힘이 크다.

여 원장은 황해도 바닷가에서 태어나 가난한 어린 시절을 보냈다. 전 도사의 힘을 빌려, 아버지 몰래 평양 소학교에 원서를 냈다. 우여곡절

여성숙이 무안만에 처음 열었던 목포의원.

끝에 학교를 다닐 수 있었다. 이후 원산에 있는 마르다 윌슨 신학원에 진학했다. 어려운 시절을 겪으며 다시 일본의 릿교대학과 군마겐 교아이여학교를 거쳤다. 스물아홉 늦깎이로 경성여자의학전문학교(고려대 의대 전신)에 들어가 1950년 졸업했다. 한국전쟁 후 전주예수병원과 광주기독교병원 결핵과장을 거쳤고 1961년 목포의 한 선교사 집에서 목포의원을 개원한다.

1964년 12월 사회적으로 냉대 받아 갈 곳 없는 결핵환자들을 위해 무안 왕산에 임야 3만평을 매입하여 '목포의원 부설 결핵요양소 한산촌'이란 이름의 요양소를 개설한다. 1971년에는 환자들을 위한 치료센터를 완공한다. 1980년 5월 한국디아코니아자매회가 이곳 한산촌을 모원母院으로 정하고 운영과 간호를 맡아 돌보기 시작한다. 한산촌은 만성 난치성 결핵환자들을 섬기며 더불어 사는 공동체다. 가족이 없거나 의지할 곳 없는 만성 결핵환자들과 함께 살면서 치료, 신앙생활 지도, 상담, 호스피스(임종 준비) 간호를 한다. 앞으로 백 년쯤 지나면 한산촌에 몸을 던진 언님들의 이야기가 설화로 전해질지 모른다. 그때

자료집 발간 기념 디아코니아 모임에서 여성숙(가운데)과 함께(우는 김양호).

는 호랑이에게 놀라 돌이 되어버린 석마石馬 설화가 아니라, 천국으로 날아 올라간 비마飛馬 얘기로 말이다.

한산촌을 거쳐 간 사람들

함석헌, 안병무, 황석영, 김지하, 홍성담, 윤한봉, 김남주, 윤영규. 이들도 한산촌을 거쳐갔다. 이 중에는 결핵 환자로 왔던 이들도 있지만 서슬 퍼런 시국의 피난처로 삼았던 이들도 적지 않다. 봉수산 서편 계곡은 중증 환자를 치료하는 곳이라 인적조차 드물다. 여기 숨어들면 쥐도 새도 모를 만하다. 입소자들도 이들이 환자인 줄만 알았다지 않는가. 『한겨레신문』 조현 종교 전문기자가 인터뷰한 내용을 참고해본다. 이곳에서 치료를 받던 홍성담 화백이 추억하는 한산촌은 "내 무릎에 피를 토하고 절명한 젊은이만도 두 명, 봄이면 붉은 피처럼 진달래가 지천에 핀 한산촌은 불쌍한 환자들이 스러져가는 곳, 여 선생(여성숙)의 헌신과 아름다운 자연으로 지상 낙원처럼 회상되는 곳"이다.

여성숙은 "너희가 살아나면 무엇을 하고 살 것이냐, 제 욕심만 채우려 사람들을 비참하게 내모는 결핵균이 될 것이냐, 세상을 살리는 이가 될 것이냐"며 심신을 부활하는 삶을 주문했다. 이 말씀들이 피가 되고 살이 되었던 것일까. 이들이 우리 사회의 고질적인 모순을 물리치고 완치된 사람처럼 온몸으로 헌신하였음이 결코 우연은 아니다. 비단 이들을 한산촌으로 불러들인 것이 질병뿐이겠는가. 소용돌이 같은 시대를 한 몸으로 앓았던 시대병, 심신이 두 동강이 난 분단 모순병, 강제와 억압이 횡횡하던 시국병 등이야말로 결핵균보다 더 무서운 질병이지 않았을까. 상고하건대 더불어 시대를 몸으로 앓았던 이들이 이곳을 마음의 고향으로 생각했던 이유일 것이다.

> 달 밝은 어떤 밤 슬피 울던 자규子規야
> 얇디얇은 홑잎들 창꽃 보니 알겠다
> 일지춘심 밤을 새워 잎마다 물들인 뜻
> 토한 피 얼마길래 연분홍이 되었더냐
> 위증즐가 대평성대
>
> 벌령 앉혀 홍수 다스리게 했더니
> 두우의 아내마저 차지하고 말았다더라

접동접동 소쩍꾹 죽은 망제왕 기려 우니
다정도 병인양 하여서였나 겨우내 잠 못 들었구나
위증즐가 대평성대

두견총 진달래 꽃무덤으로 오너라
처녀총각 귀신들에게 꽃 바치는 꼬까비 무리들
우리가 고작 해꼬지 때문에 까끔에 오르겠느냐
자청비도 너를 맞아 시름을 잊었다는데
위증즐가 대평성대

날러는 어찌 살라 하고 바리고 가시었더냐
약산 진달래꽃으로 가시난 듯 다시 오셨구나
속살 비추는 홑잎들 창꽃 개창꽃 보니 알겠다
처녀총각들 다투어 올라 쌓는 춘몽春夢
위증즐가 대평성대

졸시 「꼬까비(杜鵑塚)」(『그윽이 내 몸에 이르신 이여』, 다할미디어) 전문이
다. 김선태 교수가 쓴 시평 중에서 한 대목을 인용해둔다.

이윤선이 이들 원전을 다소 장황하게 인유한 문학적 이유나 목적은 어
디에 있을까. 그것은 아마도 전통적 정서의 현대적 계승에 있을 것이
다. 그는 그 계승의 맥락에 고향 진도의 산야에 널려 있는 '꼬까비' 즉
억울하게 자살한 처녀총각들의 무덤을 올려놓고 있는 것이다. "반세기
넘어 까끔에 오르면 그들이 토해놓은 핏덩이들인지 붉은 진달래 지천

이에요"(「거름포대기에 쓴 유서」)라는 구절에서 보듯이, 1960년대 산업화 이후 피폐해진 농촌 현실 때문에 농약을 먹고 자살한 이들의 무덤이 바로 '꼬까비'이기 때문이다. 그러나 이 시는 그들의 한을 반영하고 증언하는 것에 그치지 않는다. 극복이나 승화의 단계로 나아간다. '약산 진달래꽃으로 가시난 듯 다시 오셨구나'라는 구절이 억울하게 죽은 그들의 넋을 위한 진혼곡에 그치지 않고 재생이나 부활의 의미로 읽히는 이유가 그것이다.

김선태 교수는 내 고향 진도를 들어 설명했지만 사실은 진도만 그러하겠는가. 봉수산 왕산의 한산촌이 그러하고 소록도 한센인촌이 그러하며 시인 한하운이 발가락 잃어가며 걷던 남도의 황토 땅 모두가 그러하지 않겠는가.

다시 진달래 만개하는 봄이 오면, 목마른 말들이 물을 찾는 형국이라던 봉수산 계곡을 마치 들불처럼 진달래가 뒤덮을 것이다. 붉은 잎들은 홍성담의 무릎에서 절명했던 청년들의 핏자국일지도 모른다. 임진왜란 때 왜적에 가로막혀 더 이상 달리지 못하고 절명한 서남해 민중들의 핏자국일지도 모른다. 그 기억들은 더 이상 달리지 못하고 절명한 석마의 이야기로 남아 있다. 하지만 그 자리에 여성숙이 보금자리를 마련했다. 더 이상 달리지 못하는 사람들을 다시 달리게 해주었다. 목마른 말들에게 청정한 샘물을 제공해주었다. 그녀의 주문이 귓가를 울린다. 이 사회의 몸뚱이를 갉아먹는 결핵균이 될 것인가, 세상을 혁신할 사람이 될 것인가. 봄마다 번져 오를 진달래 계곡에 앉아 스스로의 갱신을 돌아보는 의미 말이다.

5

물길 따라 흐르다,
옹기와 무안분청

남도만은 오랜 역사를 이어오는 동안 도자산업 벨트를 구축하여 왔다. 현대에는 무안군 청계면을 중심으로 전국 최대의 생활도자 클러스터를 형성하고 있다. 강진만은 고려청자 문화특구로서 전통적인 맥을 이어오고 있다. 이러한 배경에는 뛰어난 도자 기술을 바탕으로 남도만이 양질의 점토와 풍부한 땔감, 무안만을 활용한 해상 운송로가 발달하여 예로부터 도자 산업이 성행할 기반을 갖추었기 때문이다.

몽탱이 돌꾸쟁이 나루에서

—

옹기나 분청을 '무안만에서 처음 시작된 것들'이란 범주로 묶기는 곤란하다. 옹기와 도기, 자기 등의 역사가 없는 지역이 어디 있을 것인가? 하지만 옹기와 특히 분청을 무안만과 옹기 뱃길의 오리지널한 맥락으로 잡아넣는 이유는 '무안분청'이라는 이름이 붙을 만큼 그 의미가 크기 때문이다. 분청을 말하기 위해서는 또한 옹기를 먼저 이야기하고 넘어가는 것이 좋겠다. 특히 옹기로부터 무안분청에 이르기까지 그릇을 여기에 삽입하는 이유는 생활 도자기에 앞선 차 그릇의 의미를 톺아보기 위해서다. 우리 차의 중흥조로 일컬어지는 초의선사의 차 문화와 연결시키기 위해서라고나 할까. 현재 전국에서 가장 많은 도자산업이 분포해 있고 경기도 지역의 도자기 업체들까지 무안 지역의 도자기 공장을 활용해야 할 정도로 인프라가 갖춰진 곳이라는 점도 감안했다. 이것은 그릇공장 '행남자기' 훨씬 이전부터 내려오는 무안분청의 영향이 있기 때문이라고 나는 생각하고 있다.

이십여 년쯤 흐른 듯하다. 무안 옹기와 분청을 조사하고 갈무리하던 때로 거슬러 올라가 이야기를 시작한다. 남도 지역 옹기의 분포와 물길을 이용한 운송 등에 대해서는 『남도를 품은 이야기』를 참고하면 도움이 된다. 남도 지역 옹기 분포를 『한국의 지명총람』을 활용해 지도로 표기해 두었다.

옹기 배 다니던 영산강 그 시절
—

돌꾸쟁이 나루 앞 장엄하게 굽이쳐 흐르던 영산강 곧 무안만은 더이상 미동이 없다. 속절없는 시절만 간다. 그래서일까? 그 많던 고기들도 자취를 감춰버렸다. 도대체 언제부터 이 흐름이 끊어졌을까. 영산강가에서 만났던 일군의 할머니들이 하소연하신다. "몽탱이 옹기 배가 나댕기지 않는데, 머할라고 그 강이 흐를 것이여!" 이야말로 탁견 아닌가? 배가 다니지 않는데 그 물이 왜 흐를 것인가 말이다.

몽탱이란 무안군 몽탄면을 자타가 부르는 옛말이다. 그렇다. 영산강이 흐르는 이유는 옹기 배들이 나다니기 때문이었다. 마치 새벽닭이 울지 않으면 아침이 오지 않듯이, 옹기 배가 끊긴 영산강은 이제 더 이상 흐를 이유가 없어져 버린 셈 아닌가. 옹기 배 끊긴 얘기는 거의 반세기를 거슬러 올라가야 한다. 철거되어 자갈만 남은 철로변의 사래긴 채전 밭을 일구러 나가시던 그들이 떠오른다. 옹기 배를 타고 나가던 바로 그 길 말이다.

을씨년스러운 영산바다가 잔뜩 웅크리고 있었다. 아마도 잿빛이었을

국립해양문화재연구소에서 재현한 옹기 배 등 전통 선박.

것이다. '갯번'을 수도 없이 누비고 다니던 시절, 순전히 바람으로 내닫던 풍선을 따라 서남해 도서 지역은 물론이고 제주까지 옹기를 지고 이고 다녔으니 이들에게 그깟 물길쯤은 손바닥 내려다보듯 훤하기만 했다. 무안읍에서 영산바다를 따라 한참을 치고 올라가면 곡강 언저리가 눈에 들어온다. 지금은 없어져 버린 여러 개의 나루들이 상흔의 역사를 숨기고 있다. 몽탄과 나주를 드나들었던 명산나루 위쪽으로 지금은 그 흔적조차 가물가물한 돌꾸쟁이 나루가 있다. 이곳이 나루였음을 기억하는 이들이 몇이나 될까? 내가 조사하던 당시만 해도 기적소리 끊긴 철길의 왼편으로 마치 원시의 동굴처럼 몽강 터널이 시커먼 입을 벌리고 있었다. 고즈넉한 이 풍경의 중심에서 터널이 산화해 버린 듯, 황톳빛 힘줄을 내놓고 있는 옹기 가마들, 지금도 여전히 있을

1970년대 해안가에 정박한 옹기 배 모습. 촬영_ 이토 아비토

까? 몽탱이 옹기가 대를 이어 구워지던 곳 말이다.

나는 섬마을 해변가에서 태어났다. 옹기 배가 오는 날이라면 작은 마을마다 외는 소리가 들렸다. "옹구배가 들어왔소!" 어린 우리들에겐 이상한 소문이 돌았다. 옹기 배를 타고 온 사람들은 귀가 서넛 달렸다고 말이다. 정말일까? 누군가 퍼뜨린 소문이 우리들에게 어떤 모습으로 침잠해버렸는지 지금은 상상할 수조차 없다. 어머니 손을 잡고 올망졸망 작은 잔등을 넘으면 나루터에 정박해있는 옹기 배가 보였다. 큰 돛대를 몇 개씩이나 세운 배였을 것이다. 치맛자락 뒤쪽으로 숨은 우리들에게 뱃전의 사람들, 일군의 남자와 여자들이 보였다. 귀가 서넛 달린 사람들은 어머니가 옹기를 골라 이고 지고 다시 잔등을 넘어 오실 때까지도 나타나지 않았다. 고작 영산강의 이편과 저편이었을 뿐인 그들과 우리들에게 귀 서넛 달렸다는 이방인으로 출현한 이유가 뭘까? 배로 건너는 이쪽과 저쪽, 물길을 거슬러 올라가는 이편과 저편의 의미들에 대해 그리고 남도만과 무안만이라는 개념을 생각해낸 것은 모두 이런 유년의 경험들이 축적된 결과들이다.

옹기 제작이 끝나면 무안 몽탄 인근의 아낙들은 뜻 맞는 사람들끼리 판매조직을 만들었다. 바람으로만 운행하는 풍선이 옹기를 싣고 나르기에 적합한 방편이었다. 배의 임자인 선주, 혹은 배를 운전하는 사공은 수요가 있는 섬사람들, 혹은 영산바다 하류 지역 사람들이 맡았다. 마을 앞 돌꾸쟁이 나루에서 풍선에 옹기를 싣고 영산바다를 따라 내려가는 생활이 평생에 걸쳐, 아니 대를 이어 계속되었다. 물때를 잘 맞추면 쉬이 가기도 했다. 행여 역풍이라도 만나면 그 고생은 이루 말할 수 없었다. 몽탄 옹기장수들이 주로 다니던 곳은 신안군의 흑산도, 진도의 조도, 제주도 등 서남해안 섬이었다. 한 번 나가면 며칠이고 그 옹기를 팔 때까지 섬들을 누비고 다녔다. 어떤 때는 한 달이 넘는 경우도 있었다. 어떤 섬에서는 옹기 사려고 줄을 이어 달려오기도 하고, 어떤 섬에서는 몇 날 며칠을 이고 지고 다녀도 팔리지 않았다. 그래도 아이들을 데려가지 않은 경우는 형편이 나은 편이었다. 젖먹이가 있던 시절에는 작은놈 업고 큰놈 걸리고 오가리는 이고 단지는 지고 돌아다녔다. 어떤 인심이 야박한 곳이나 형편이 안 되는 곳에서는 '거적대기' 얻어다 깔고 자기도 하고, 소나무 가지 꺾어다 밥을 해 먹어야 했다. 눈만 지그시 감아도 영화처럼 선명하게 떠오는 험한 길들을 어찌다 말할 수 있으랴. 비포장 좁은 황톳길은 어찌도 그리 울퉁불퉁했던지. 그래도 손 하나 대지 않고 사뿐사뿐 잘도 걸어 다녔다. 그랬다. 등에는 아이를 업고 양손에 단지 들고 머리에는 포개 없은 옹기 이고 걷던 붉디붉은 황톳길. 그것은 걸음 아닌 인고의 춤사위였다.

술 담는 대독, 꿀 담은 단지

서남해안의 옹기와 점촌의 옹기 뱃길에 대해서는 무안의 몽탄, 강진의 칠량 지역 등이 회자되는 편이다. 현재 '공방' 등으로 호명되는 옹기점이 전승되고 있는 지역이다. 이외의 지역도 다수의 공방이 존재하고있지만, 역사적 맥락을 추적하는 것이 생각만큼 용이하지 않다. 전통적으로 옹기 굽던 지역 혹은 마을에 대한 호명 방식을 주목할 이유가여기에 있다. 대개 '점', '독', '옹', '사기', '백토' 등의 접두어를 가진 지역명칭을 쓴다는 점, 졸저 『남도를 품은 이야기』에서 세세하게 풀어 설명해두었다. 공방이라는 이름의 뿌리에는 '점'과 같은 지역 맥락이 들어있으니 참고 가능하다. 『한국의 지명총람』에 나오는 땅이름들을 분석한 내 논문이기도 하다.

장병, 앵병에서 술바탱이까지 옹기의 종류만 해도 이루 다 셀 수 없다. 지금은 잊힌 그 이름들을 되뇌어본다. 내가 관련 논문을 쓸 때 참고했던 글이 송팔영의 '남해안지방 옹기공방의 실태에 관한 연구-전남지역을 중심으로'(조선대 석사학위논문, 1989)이고, 취재했던 무안 몽탕꿈여울의 어르신들이 제보해준 이름들이었다.

'대독'은 높이가 5~6척, 술이나 장을 담는데 사용하는 저장용 큰 독을 말한다. '독'을 '도가지'라 호명하였으므로 '대도가지', '큰도가지'로불렸다. '중독'은 대독보다는 조금 작은 독이다. '방충이'는 중독보다약간 작은 독, '옹박지대'라고 했다. '조쟁이'는 방충이보다 작은 크기의옹기, 젓갈류를 저장하는 독이다. '중알빼기'라고도 했다. '오중독'은 조쟁이보다는 작은 항아리다. '대무항'은 30센치 정도의 둥근 형태의 항아리, '오가리'는 20센치 정도의 작고 둥근 항아리다. 내가 아는 한 남도 지역에서 가장 보편적으로 쓰인 옹기는 '오가리'다.

초의생가 아랫집 필자의 장독대.

  '청단지'는 꿀을 저장하기 위해 만든 작은 '단지'다. '약단지'는 손잡
이가 부착되어 약을 끓이는데 사용되는 단지다. '확독'은 고추나 곡물
등을 갈아내는 그릇이다. 바닥은 빗살무늬 등 거친 문양을 넣어 곡물
을 갈기 용이하게 한다. 높이가 25센치 내외, 지름이 45센치 내외다.
우리 집은 아직도 이 '확독'을 사용하고 있다. '장병'은 간장을 담아서
쓰기 좋게 만든 옹기다. '병'은 '유리병'의 용례에서 볼 수 있듯이 액체
나 가루를 담는데 쓰는 목과 아가리가 좁은 그릇이라는 의미다. '뚜가
리'는 '바내기'라고도 한다. 큰바내기, 새짝바내기, 중바내기 등 옹기
뚜껑이다. '고조리'는 항아리 두 개를 연이어 붙이고 다시 뚜껑을 붙여
구운 그릇이다. 흔히 '소주' 내릴 때 사용하는 옹기다.

떡시루는 밑 부분에 7~8개의 구멍을 뚫어 만든다. 솥에서 끓인 물이 수증기가 되어 이 구멍을 통해 올라가 쌀가루를 찌는 원리다. '장군'은 흔히 '똥장군'이라 한다. 뉘일장군은 밑이 평평하고 둥글게, 세울장군은 귀가 있고 목이 좁으며 아구리를 나팔처럼 만든다. '새우젓독'은 새우를 잡아 젓갈을 담는 그릇이다. 잘 묶을 수 있고 이동에 용이하도록 밑이 좁고 입구가 넓으며 길쭉하게 만든다. '오단지'는 위로 길게 손잡이가 있는 다섯 개의 작은 단지를 붙인 그릇이다. '뚝배기'는 불에 올려 국이나 찌개를 끓일 때 사용하는 그릇이다. '종지'는 간장이나 양념을 담아서 식탁 위에 올려놓는 매우 작은 그릇이다. '소줏고리'는 소주를 담을 때 쓰는 옹기로 입구가 작은 병모양이다. 증류주 내리는 '고조리'를 흔히 소줏고리라고도 한다. 물동이는 물을 담아 머리에 이고 다닐 수 있도록 양쪽에 손잡이가 달려있다.

이외에도 성주동우, 성주단지, 물항아리, 술항아리 등 기능이나 목적을 접두어로 내건 이름들을 부가해 볼 수 있다. 남도 지역이라고 해도 지역마다 부르는 이름이 다르고 형태도 약간씩 다르다. 해당 지역의 생태적 조건들이 반영되어 있을 것이다. 지금은 사라진 그리운 이름들을 불러보는 이유는 뭘까. 장독대에서나 어렴풋이 그 이름들을 상기할 수 있겠지만 그것마저 사라진 지금임에랴. 오늘 불현듯 상기한다. 청초한 내 뜰 장독대 '뚜가리'를 열어젖히고 튀어나올지도 모를 귀가 서넛 달렸다던 이방인들, 오늘 나열한 것은 옹기의 이름이 아니라 사실은 이고 지고 내닫던 남도의 황톳길 그 길 위에 서 있던 사람들의 이름이었음을.

중성염으로 구운 철학

    일제강점기 야마다 만키치로우라는 일본인이 1910년부터 1945년까지 35년여를 무안 지역에 살면서 가마터와 분청사기를 연구했다. 『미시마하끼메三島刷毛目』란 이름의 책이다. 무안문화원에서 「무안향토문화총서」 9호로 『야마다 만키치로우가 바라본 무안분청사기 귀얄문』 (2020년)이라는 번역본을 출간했다. 저자는 남중국을 통해 수입된 자기가 강진을 중심으로 발전한 청자인데 무안분청은 이후 황하 하류를 거쳐 북송 계통의 자기가 들어온 것으로 파악하고 있다. 물론 자신은 비전문가라서 확신하지는 못한다고 부언한다. 무안분청과 계룡산 분청이 금강만과 남도만(야마다는 영산강으로 표현)을 통해 들어왔고 같은 계열의 것이라는 주장도 황하와 장강에서 한해륙으로 이어지는 뱃길을 염두에 두었기 때문에 나온 것이다. 그가 평생에 걸쳐 푹 빠져있던 무안분청 이야기 한 대목이다.

    작년 봄. 무안 도자기를 아사카와 씨에게 보여주니까, 이것은 옛날부터 일본에서는 고高 덤벙(코히키데紛引手) 또는 분청과 같은 종류로 먼저 흙으로 찻잔이나 접시를 만들고, 선소시킨 정도를 보고 짙은 하얀 백토를 듬뿍 바르고 또 건조한 후, 또 엷게 유약을 칠하고 약한 불로 구운 것이다. 칠을 한 유약은 용해되지 않고 단순히 찻잔에 유약이 붙어 있는 것이다. 따라서 하얀 분가루를 조금 칠했다는 의미로 '분청'이라 불렀다고 한다. 무안 도자기는 처음에 만든 것이 아름다웠다. 하얀 빛깔도 정말로 우윳빛이었다. 그렇지만 시대가 내려가면서 점점 일이 귀찮아지고 물건이 나빠지게 되었다. 결국은 질이 좋지 않은 도자기가 만들어지고 완전히 나쁜 것이 되어 끝나버렸다. 태토가 좋지 않은 것은 결국 수비를 한 흙이 아니고, 모래가 많이 섞여 있지 않은 것이 거의 없다. 찻잔을 만들 때 모래가 물레에 걸려 작은 선들이 나타나는데 대량생산을 위해 겹쳐서 구우면서 가마 안에서 딱 서로 붙어버리는데, 서로 붙어버린 것을 가지고 가끔 생활에 사용하는데 크게 무리가 없을 정도다. 찻잔을 말리는 가운데 너무 말리면 쫙 하고 금이 간다. 그곳을 철분 같은 것으로 수리해서 구우면, 해삼 같은 색으로 가마에서 나오는데, 크게 갈라진 곳은 흙으로 고약처럼 붙인다. 섞여 있는 모래가 가마 안에서 녹아 튀어서 벌어진 찻잔은 작은 틈이 생겨 완전히 볼품이 없는 것이 되는데, 그렇지만 그 볼품이 없는 것 같이 보이는 것이 나는 좋다.

어찌 야마다 만키치로우만 좋아했을 것인가? 나는 무안분청의 이 투박하고 거친 질감이 남도의 '귄'을 보여주는 것이라고 생각한다. 야마다가 '귄'이라는 용어의 아우라를 알지 못했기 때문에 쓰지 않았던 것일 뿐 그가 내내 표현하고자 했던 전반적인 뉘앙스는 '귄' 바로 그것이었다는 뜻이다.

야마다를 평생 감동하게 한 무안분청의 세계를 설명하기 위해서는 아무래도 야나기 무네요시(柳宗悅)의 민예론을 거론하지 않을 수 없다. 한국의 아름다움을 비애의 미로 읽기도 하여 비판의 대상이 되기도 했지만, 비판은 비판대로 하되 그가 거둔 성과는 성과대로 인정할 필요가 있다고 생각한다. 민중미학적 관점으로 민화와 도자기 등을 읽어낸 시선의 하나라는 점에서 그렇다. 그가 쓴 『조선과 그 예술』(신구, 1994)에서 「조선의 찻잔」이라는 단원에 들어있는 한 대목이다.

주지하듯이 도자기를 굽는 불은 크게 두 가지로 유별된다. 그 하나는 산화염이고 또 하나는 중화염이다. 아마추어로서는 어려운 술어이지만 이를 알기 쉽게 말하면, 산화염은 잘 타는 맑은 불이고 환연염은 열기가 많고 잘 타지 않는 불을 가리킨다. 따라서 이것을 완전연소와 불완전연소로 구별해도 좋다. 도자기의 성질에 따라 그 어느 불이 필요하다. 예컨대 유약에 같은 구리를 사용하더라도 녹색을 얻으려 하면 산화염이어야 하고, 이에 대해 진사의 색을 얻으려 하면 환연염이 아니면 색깔이 나오지 않는다. 이러한 성질이 있기 때문에 작품에 따라 굽는 법을 달리해야 하고 또 가마의 구조도 바꾸어야 하는 것이다. 모든 도자기는 이 두 가지 불로 구워진다고 보아야 하는 것이다. 그런데 실제로는 이 가운데서 어느 것에도 속하지 않는 불이 있다. 이것을 중성염中性焰이라 부른다. 중성염은 산화와 환원의 양쪽 성질을 모두 가지고 있다고 해도 좋다. 재미있는 사실은 다인들의 사랑을 받는 조선의 찻잔은 모두 이 중성염으로 구워졌다는 점이다. 여기서 두 가지 흥미로운 문제가 생긴다. 어째서 조선인들은 중성염으로 구웠을까. 또는 굽게 되었을까. 처음부터 그것을 사용했을까. 아니면 필연적으로 그렇게 된 것일까. 둘째는 어째서 다인들이 택한 찻잔이 거의 중성염에 의한 것이었을까. 원래 그들은 중성염에 대한 과학적 지식을 전혀 갖고 있지 않았던 것이다. 한데도 그들이 찬탄한 것이 어째서 중성염으로 구워진 것에 많았을까. 어째서 맛이 깊은 것은 중성염에서 나오는 것일까. 중성염이 도자기에 특별한 아름다움을 가져오는 이유는 어디에 있을까.

야나기가 무안분청을 딱 꼬집어 말한 것은 아니지만, 나는 분청이 가진 아름다움의 세계를 가장 상징적으로 보여주는 설명 아닐까 생각하고 있다. 다시 야마다 만키치로우의 얘기로 돌아가 본다. 그가 언급한 '삼도'는 분청粉靑을 말하고, 쇄모刷毛는 귀얄문양을 말한다. 분청은 조선시대 자기의 하나다. 청자에 백토로 분을 발라 다시 구워낸 양식이다. 회청색 혹은 회황색을 띤다. 귀얄은 풀이나 옻칠할 때 쓰는 솔의 하나로 수수붓이라고도 한다. 주로 돼지털이나 말총을 넓적하게 묶어서 만들기에 그 문양이 투박한 느낌을 준다.

무안문화원에서 번역한 책의 목차를 보면 무안의 분청, 무안출토 분청 고찰, 무안분청을 통해서 본 조선도자기 등 모두 무안 지역의 분청사기를 추적하고 분석한 글들이다. 무안 지역이 분청사기의 중심이었다는 뜻일까? 하지만 당시의 무안분청은 광주군(광주시), 보성군, 나주군, 함평군, 무안군에서 출토된 유물과 생산품들을 포괄하는 광역 개념이었다. 고유명사처럼 사용했던 무안분청은 사실상 영산바다 혹은 남도 일대의 분청이었던 것이다. 내가 이를 묶어 남도만으로 설정했던 이유 중 하나이기도 하다. 바꾸어 말하면 이들 지역을 포괄하는 맥락으로 호명했던 것이니, 영산바다 분청사기의 핵심이 무안이었다는 뜻이기도 하다. 그래서일까. 야마다는 이렇게 고백하고 있다.

무안지방에서 나온 분청사기 인화문에 '내담內贍' 명의 문자가 조각되어 있다. 대내담시大內贍寺의 약자인 것 같다. 이 내담이라는 문자가 상당히 재미있다. 중국 청자의 색을 비가 갠 후의 맑은 하늘에 비유하기도 한다. 강진 초기 도자기에는 확실히 이 맛이 있었다. 그러나 분청사기의 색을 보면 그것은 초기 청자에 비교할 수가 없으며 황혼이 지는 엷은 하늘에 비유할 수 있다. 한 줄기의 하얀 선, 그것은 저녁에 노을 지는 하늘에 남아 있는 한 가닥의 구름인 것이다. 별처럼 엷게 보이는 하얀 꽃, 어떻든지 맑게 갠 하늘에서 보이는 색은 아니다. 힘이 있는 귀얄, 그것은 어떻게 생각하면 자유분방하게 느껴지며, 또 해안에 부딪히는 성난 파도의 물결 같기도 하고 쓸쓸한 사람이 애처롭게 계곡이나 들판에서 춤추는 물의 요동인 것 같다. 무안 도자기! 그것은 조선 남쪽 구석에서 수백 년간 옛날부터 사용하던 도자기였다. 그중에서 몇 개의 좋은 것이 일본에 건너가서 분청 찻잔이라고 부르게 되었다. 몇만 원이나 하는 분청 찻잔이 2~3원밖에 하지 않는 무안 도자기와 같이 태어났을 때는 형제였던 것이다. 결국 덤벙 찻잔은 1920년대가 되어서야 처음으로 자신이 태어난 고향을 알 수 있게 되었다.

이것이 어찌 분청사기에만 국한되겠는가. 고가에 팔리는 일본의 분청 찻잔이 조선에서 유래되었고 그것의 고향이 무안분청이라는 고백이지만, 이를 문화와 역사 전반으로 확대 해석해 나가도 무리는 아니라고 생각한다. 내가 그렇게 주장하는 것이 아니라 일본인들이 스스로 그렇게 분석하고 주장한다는 점을 주목할 필요가 있다. 특히 강진을 중심으로 하는 초기 청자의 엷은 하늘색보다는 맑지도 않고 그렇다고 아주 탁하지도 않은 저녁노을이나 한 가닥 구름 같은 질감을 찬탄하고 있지 않은가. 이것이 내가 말하는 '귄' 아니고 무엇이겠는가.

무안분청의 심연
—

조선 분청사기의 요모조모를 개괄적으로 풀이해둔 연구를 참조한다. 「조선분청사기 '귀얄문'에 나타난 직관적 '즉흥성'에 관한 연구」(방

무안분청이 오고 갔을 영산강 옛 나루터(우비마을 선창).

창현, 이헌국, 2014)가 그것이다. 여기 그 성과를 간략하게 요약해두고 공부 자료로 삼는다. 고려시대에는 상감청자가 유행했다. 상감象嵌은 금속이나 도자기, 목재 따위의 표면에 여러 가지 무늬를 새겨서 그 속에 같은 모양의 금, 은, 보석, 뼈, 자개 따위를 박아 넣는 공예기법을 말한다. 우리나라에서는 상감청자와 나전칠기가 발달했다. 근대기에 우리가 흔히 볼 수 있었던 자개농이 상감기법을 활용해 만든 것이다.

조선 전기에는 분청사기가 발달한다. 청자의 시문기법을 계승한 양식이다. 분청사기라는 이름은 일제강점기 일본의 학자들이 미시마(三島)라고 부르던 용어를 번역한 것이다. 고유섭(1905~1944)이 잡지「조광朝光」1941년 10월호에 '분장회청사기粉粧灰靑沙器'라고 언급하며 분청이라는 이름이 사용되기 시작한다. 분청의 기법은 화장토를 도자기에 바른 후에 장식하는 기법이다. 조선에서 자생한 고유 양식은 아니고 중국 육조 후기인 6세기 월주요越州窯에서 시작됐을 것으로 추정하고 있다. 하지만 시문기법이 조선의 것에 미치지 못했으므로, 삼강기법이나 분청 즉 귀얄기법은 다른 나라에서 생산되지 않은 조선의 독창적인 기법으로 인정받고 있다.

세종 이후에는 주로 국가에 진상하는 공납용으로 제작되었다.『세종실록지리지』에 의하면, '전국에 사기소 139개, 도기소 185개 등 모두 324개의 도자소'에서 대부분 분청사기를 생산했음을 확인할 수 있다. 15세기 중반 지배층 사이에서 백자에 대한 선호도가 높아지면서 관요라는 관청이 설치되고 백자의 수요가 급증하자 분청사기의 생산은 쇠퇴하게 된다. 하지만 임진왜란(1592~1598년) 이후 일본으로 끌려간 사기장들에 의해 분청의 기술이 일본에 소개되고 전수된다. 16세기 후반 야마노우에 소지는 조선의 분청 다완(찻그릇)을 천하제일이라 평가하기도 한다. 그만큼 일본인들이 선호하던 양식이었음을 알 수 있다. 분청의 기법은 상감, 인화, 박지, 철화, 조화, 덤벙, 귀얄 등이 있는데 이 중 귀얄기법을 가장 선호한 것 같다.

야마다는 이 질감의 연대기 즉 분청사기의 변천을 고려청자와 고 덤벙에서 찾고 있다. 한 가닥은 고려청자에서 청자상감으로, 다시 상감 분청사기로 변천하고 이것이 분청사기 인화문으로 발전했다고 보고 있다. 또 다른 가닥은 고 덤벙에서 반 덤벙으로 이것이 다시 귀얄문으로 발전하고 청색 인화문 분청사기로 발달했다는 것이다. 이 두 가닥의 총화를 분청사기 귀얄문으로 보고 있고 그 중심에 무안분청이 있음을 주장하고 있는 것이다. 물론 곳곳에서 그가 고백하고 있듯이 불완전하거나 틀린 이야기도 많이 있기 때문에 이를 정설로 받아들이기에는 무리가 있다. 그럼에도 무안분청을 사례 삼아 투박한 민중미학을 주장했다는 점에 후한 점수를 주고 싶다.

무안분청의 한 시원을 옛날의 덤벙 곧 고 덤벙으로 해석한 이유를 주목할 필요가 있다. 덤벙이라는 용어 자체가 갖는 함의 말이다. 덤벙채식彩飾은 도자기 장식에서 백색이나 색깔이 있는 흙물에 도자기를 덤벙 담갔다 해서 붙인 이름이다. '덤벙대다'는 뉘앙스에서 알 수 있듯이 신중하고 결 고운 자태와는 정반대의 뜻처럼 보인다. 물에 어떤 무거운 물건이 떨어지며 내는 소리다. 텀벙, 덤버덩, 덤벙, 덤벙덤벙, 덤버덩덤버덩, 담방 등의 용례가 있다. 하지만 들뜬 행동으로 아무 일에나 자꾸 함부로 서둘러 뛰어든다는 뉘앙스의 '덤벙'이란 의미로 읽는 것은 단견이다. 담방담방이나 담방은 작고 가벼운 물건이 물에 떨어져 잠기는 소리를 말한다. 둥덩둥덩이나 동당동당과 같은 말이다. 남도 민요 둥덩애타령이 여기서 나왔다. 옹기 옴박지에 물을 절반쯤 채우고 박으로 만든 바가지를 엎어 손으로 두드리면 둥당둥당 혹은 둥덩둥덩하는 타악기 소리가 난다. 이를 '옴박지 장단'이라 하고 특히 여인네들이 유희놀음을 할 때 이를 악기 삼아 노래했기에 '둥덩애타령'이라는 이름이 붙은 것이다. 덤벙은 '연못'의 방언이기도 하다. 남도 지역에서 '웅덩이'를 '둠벙'이라고 하는 것도 이와 같다. 둠벙과 덤벙의 어원이 같다고 보는 이유다. 따라서 덤벙채식이라는 이름을 사람의 행동에 비유하여 덤벙댄다는 뜻으로 이해하기보다는 둥덩애타령이나 연못 둠벙의 예에서 볼 수 있듯이 보다 생태적이고 고풍스런 뉘앙스로 이해하는 것이 옳다. 예컨대 '덤벙주초'는 돌을 다듬지 않고 건물의 기둥 밑에 두는 주춧돌을 말한다. 다듬지 않아서 거칠지만 그 질감이 주는 친자연적인 미감에 의미를 두는 시선이 들어있는 것이다. 야마다는 또 이렇게 얘기한다.

무안의 도자기는 정말로 못난이고, 못났기 때문에 사라진 것이 아닐까 생각하는데, 너무나도 거칠게 많이 만든 것 같다. 흙은 산에서 가져와서 모래가 섞여 있는 그대로다. 대마디 굽, 비틀어진 굽, 찌그러진 것, 모두가 만들다가 잘못된 것 같은 굽들도 있다. 무안 도자기 말기는 결코 사람들로부터 관심을 얻지 못했다. 유약에 묻어 있는 손가락 자국, 굽이 건조되지 않는 곳을 손으로 쥔 흔적을 보고 사람들은 모두 싫증이 났다. 따라서 그 다음에 만들어지기 시작한 것이 튼튼한 조선백자였다고 생각한다. 도락을 즐기는 아버지 아래 건강한 자식이 태어나는 것처럼, 부서지기 쉬운 무안 도자기 다음으로 특별히 강건한 조선 도자기의 시작이 있다.

나는 개인적으로 무안분청 명인인 김문호 작가의 작품을 애용하고 있다. 투박하고 둔탁한 질감은 물론이거니와, 회색도 아니고 검정색도 아닌 거무스름한 색감이 주는 영감은 귀얄 이전의 덤벙, 그 오랜 남도의 숨결 같아 늘 곁에 두고 있다. 사실은 여기에 황토가 있고 갯벌이 있다. 야마다는 이 미적 세계를 해안에 부딪치는 성난 파도 같다고 했지만 나는 이것이 남도의 해만 그리고 무안만의 갯벌 색깔이라고 생각하고 있다. 아무렇지도 않고 예쁠 것도 없는 갯벌의 색이 아니라면 그리고 그 안에 숨 쉬는 낙지의 부럿이며 각종 갯것들의 숨구멍이 아니라면 어찌 이런 투박하고도 성근 질감을 만들어낼 수 있겠는가. 더구나 이것이 조선의 남쪽 무안만에서 그저 하찮은 생활 용기로 쓰였다는 것, 하지만 그 안에 숨은 고결의 미학을 일본인들이 발견해냈다는 데 큰 점수를 주고 싶은 것이다.

하방에서 고양으로, 무안분청 세계관
—

무안분청의 세계관을 학자들은 어떻게 해석하고 있을까? 방창현뿐만 아니라 많은 연구자들이 '무기교의 기교'라는 맥락으로 분청의 세계관을 분석한다. 이것이 회화로 바뀌면 달마도처럼 직관적인 표현으로 그려진다는 것이다. 과감한 생략과 절제, 무욕과 해탈, 여백의 미를 톺아내는 것이 어찌 달마도라고 다르고 분청이라고 다르겠는가.

작위적인 기교가 없으니 도교적 세계관과 통하는 것이요, 무욕의 심미안을 표상했으니 불교적 맥락과 통하는 것이다. 불교에서의 공空, 도교에서의 자유의지의 표현이라고나 할까. 이 심미관이 즉흥적이고 자

5. 물길 따라 흐르다, 옹기와 무안분청

무안 지역에서 활동하는 김문호 작가가 분청 가마 불 때는 모습.

유분방한 양식으로 분청사기에 표현되었으니 그 웅숭깊음을 헤아리기 어렵다. 일본의 지배층을 통해 세계 최고의 다완으로 인정받은 조선의 분청사기, 특히 무안분청이 일본의 차 문화에 끼친 영향은 이루 말할 수 없이 크다.

김인규는 이렇게 분석한다. 미국과 캐나다의 도예가들에게 큰 영향을 끼친 야나기 무네요시는 조선의 다완을 동양 미의식을 넘어 종교와 사상의 차원으로 끄집어 올렸다고. 오래 전 내가 도쿄 외곽의 야나기 무네요시 생가를 꾸며 만든 민예박물관을 찾았을 때 놀랐던 이유이기도 하다. 박물관 입구에 들어가면 현관 가운데 딱 한 개의 옹기만 놔두었다. 남도 도처에서 볼 수 있는 흔하디흔한 질그릇, 그것도 약간 비대칭인 투박한 항아리 말이다. 야나기가 종교와 사상으로 확대시킨 분청과 옹기는 어디로부터 비롯된 것인가. 무안분청의 기능을 배태한 영산강 유역의 흙과 불과 땔감과 무엇보다 이 예술적 미감을 표현해낸 남도 사람들을 상고해보면 양반예술과 대비되는 서민예술의 그윽함을 추적해볼 수 있다. 야나기 무네요시는 그의 책『조선과 그 예술』에서 이렇게 설명한다.

얼른 생각하기에는 신분도 높고 지혜도 뛰어난 오키의 도공들이 만든 품위 있는 다기가 훨씬 뛰어나야 할 것이다. 그런데도 조선의 잡기에 비해 크게 떨어지는 것은 무슨 까닭일까. 내가 생각하기에는 역시 결과만을 받아들이고 그것을 낳게 한 원인과 과정을 전혀 고려하지 않은 데서 오는 패배일 것 같다. 즉 밖으로만 모방할 뿐 안으로부터 그것을 받아들이려 하지 않은 것이다. 새삼스럽게 조선인처럼 가난으로 돌아갈 필요는 없고 또한 잡기를 만들 필요도 없다. 그러나 맛에 사로잡힌 부자유한 마음에서 벗어나지 않는 한 참된 것은 태어나지 않는다. 아직은 조작의 영역에서 벗어나지 못하고 무애의 상태에서는 더더구나 거리가 멀다. 조선인의 장점을 이은 선어禪語를 빌려 말한다면, '지미只麋'의 경지에서 만들었다는 점에 있으며, 맛에 매달려 궁색하게 만들지는 않는다. 이것이 미묘한 갈림길이라 할 수 있을 것이다. 조선 찻잔의 맛은, 맛에도 무미無味에도 사로잡히지 않는 데서 태어나고 있다. 일본인들은 미묘한 맛을 분간할 수 있기 때문에 언제까지나 거기에만 매달려 있는 듯하다. 맛으로부터 자유롭지 못하고 자유를 흉내 내되 그 자유에 사로잡힌 채 끝나고 있는 것이다. 이런 상태에서는 좋은 다기가 나올 리 없다. 무식하고 이름도 없는 조선의 장인들이 만든 저 잡기의 아름다움을 어째서 넘지 못하는 것일까. 또 다시 마음의 문제로 돌아오지 않을 수 없다.

조선 다기에 대한 최고의 찬사가 아닐 수 없다. 야마다의 논의를 중

첩시켜보면 그것이 남도만 특히 무안분청이 가지고 있는 미적 세계와 연결된다는 점 이해할 수 있다. 그래서다. 무안만이 가지고 있는 이 숭고한 미학적 전거들 말이다. 이것이 어디로부터 비롯되었겠는가 말이다. 이것은 도교적 자유의지나 불교적 공의 심미안으로 연결된다. 영산강 사람들의 생태적이고 호방한 세계관의 지향 속에 생성된 것들이다. 내 식으로 말하면 남도 풍류와 남도 미학의 발흥이다. 어찌 무안분청이 뿌리 없이 생겼겠는가. 미래를 예측하는 사람들에게는 보일 것이다. 영암의 도기와 해남의 초기 청자, 강진의 청자, 무엇보다 무안만까지 집중적으로 분포하는 옹관으로 거슬러 오르는 장대한 줄기, 그 속에서 발현되는 자유분방하고 호방한 작품들과 세라믹산업의 세계들 말이다. 나는 이것을 한마디로 '권'이라고 표현해왔다.

뉘산네가 권이 뭣이냐고 물어보길래
과일 중에 가장 못난 모과를 보라고 말해주었다
덕지덕지 얼룩피부여도 익은 햇살빛이요
하찮아보여도 가시줄기 얽히고설킨 모과나무를 보라고 말해주었다

안뜰에 모과를 심었더니
수삼년 새 주렁주렁 모과가 열렸다
여나무 개는 따서 모과차 만들고
대여섯 개는 차에 싣고 다닌다
모과차는 겨우 내 골골 감기약이요
향은 자잘한 냄새까지 다 잡아준다

뭉떡뭉떡 지지리 못났는데
하는 모양새 영락없는 유제 아짐이다
볼따구니 엉댕이 늦가을볕 받아 오금조금
애기 업고 옹구 이고 진 걸음걸이
갖은 풍상 견디었으나 사뿐사뿐하다

새내끼 허리 질끈 동여매고
가만히 서있다 우줄우줄 어깨짓만 해도
오매오매 저것 잔 봐라
물 찬 제비같이 귄이 찍찍 흐르네야
우리 동네 아짐들이 그랬지라

졸시 「귄」(『그윽이 내 몸에 이르신 이여』, 다할미디어) 전문이다. 귄이 무 엇일까? 설명하기가 쉽지 않다. 앞서 옹기의 생성과 남도 지역 판매의 맥락을 이야기하면서 '몽탱이나루의 아짐'들을 거론했던 이유이기도 하다. 모과가 '귄'의 실체이고, 옹기와 무안분청이 또한 귄의 실체라고 나 할까. 2016년부터 「전남일보」에 '이윤선의 남도인문학'을 연재하면 서 첫 번째로 '귄'의 의미를 다룬 이유일지도 모르겠다. 나는 '귄'을 이 렇게 설명해두었다. 황토 땅 갯벌의 남도에 스며든 것이 어찌 옹기와 분청의 질감뿐이겠는가. 여기에서 배태된 사람들의 몸짓과 춤과 노래 와 그리고 문학과 철학들을 그냥 딱 한 마디로 이렇게 불렀을 뿐이다.

뭍과 물이 교직하는 남도 땅에서 살아온 사람들에게 공유되어 온 대 표적인 용어가 '귄'이다. 많은 사람이 일상적으로 사용했고 지금도 사

5. 물길 따라 흐르다, 옹기와 무안분청

용한다. 그럼에도 딱히 이것이 뭘 말하는지 꼬집어 말하진 못한다. 나 또한 마찬가지다. 고 지춘상 교수는 남도미학의 전거로 이 용어를 들었다. 다른 지역에서 사용하지 않는 남도 사람들만의 특별한 용어라는 것이다. '귄'이라 호명하는 태도들 속에 남도인들의 정서가 배어 있다는 주장이다.『전남방언사전』에는 '귄'을 '귀염성'이라 했다. 장성이나 담양에서는 '귐'이라 한다. 국어사전에는 '귀염'의 사투리라 했다. '귄있다'는 표현은 담양, 광산, 영암, 광양, 진도, 여수 등지에서 사용하는 귀염성스럽다는 형용사라고 했다. '귄'이 없으면 '귄대가리 없다'고 했다. 예컨대 "갸는 왜 그리 귄대가리가 없다냐"고 했다. 모두 '귄'이 남도 사람들이 가지는 미학적 전거임을 알 수 있게 해준다. 흔히 이를 비유할 때 하는 말이 "얼굴도 예쁘지 않은데 쏙 맘에 든다"는 식으로 설명한다. 예쁘거나 잘생긴 것과는 다르다는 뜻이다. 사전에서 설명하듯이 '귀염' 정도로 해석하는 것은 뭔가 부족하다. 영어로 번역하려면 '매력' 정도가 적당할 것이다. 하지만 '귀염'이나 '매력'으로 해결되지 않을 정서들이 있다. 그게 무엇일까? 이를테면 공옥진의 비틀어진 춤을 보면서 '귄이 찍찍 흐른다'고 했다. 그 안에 한이 있다고 했다. '추의 미학'과는 다른 정서다. 여기서의 '귄'은 '귀염'일까, '매력'일까? 나는 이것을 남도만 사람들의 공동체라는 화두 속에서 찾아왔다. 이른바 '거시기'를 공유하는 혹은 공유할 수 있는 공동체라야 이 '귄'의 미학을 이해할 수 있다.

남도만, 도자산업의 토대가 되다
—

강진청자, 여주백자와 함께 무안분청을 우리나라 3대 도자기 발상지

무안 김영주 작가의 무안분청 작품들.

라 한다. 무안과 목포는 분청과 옹기 등 생활자기, 강진은 청자 중심지
다. 해남은 초기 청자의 발상지, 영암은 도기로 특화되어 있다. '목포대
학교 헬스케어도자명품화사업단(단장 조영석 교수)'에 의하면 무안 지역
도자산업벨트는 전국 최대의 생활도자 클러스터다. 양질의 점토와 풍
부한 땔감, 무엇보다 무안만(영산강)을 활용한 해상 운송로의 특질을
배경 삼아 발현했던 무안분청이 목포의 행남자기로 이어지며 오늘날
생활도자 클러스터를 형성했던 것이다.

　행남자기가 이전해가긴 했지만, 도자기의 일관 체계를 갖춘 전국 유
일의 특성화 지역이고 10인 이상의 도자업체 중 전국의 55%, 전남의
80%가 무안 지역에 집중해있다. 전남도에서 역점을 두고 실천하고 있
는 남도 문예 르네상스 조성사업 중 하나가 도자와 차라는 점에서도

주목되는 지점이다. 도자기 산업은 인공치아는 물론 세라믹 일반으로, 건축물에서 첨단 공업제품까지 확장되고 있다.

2021년 우연히 기회가 주어져「무안군 도자산업 집적지구 실태조사 및 공동기반시설구축사업 타당성분석 연구」책임을 맡게 되었다. 실무적인 작업은 김종대 박사가 심혈을 기울여 정리했다. 나는 이 연구를 통해 무안 지역이 전국 최대의 생활도자 클러스터 지역이라는 점을 알게 됐다. 청계농공단지를 중심으로 반경 10킬로미터 이내 3개 읍면에 도자기 농공단지가 65개나 밀집되어 있다. 전통도자와 현대 생활도자의 명실상부한 법고창신이 일어나고 있는 지역이라 할 수 있다. 도자기 원재료(소지, 석고)에서 생산(가공, 전사, 제조)으로 또 유통간계까지 도자기 전 공정에 대한 생산 일관체계를 갖춘 전국에서 유일한 지역이기도 하다. 보고서에 수록된 내용의 일부를 간략하게 소개해두기로 한다. 전남 서남권이라는 호명은 남도만으로 고쳐 부르고 영산강권이라는 호명은 무안만으로 고쳐 부르기로 한다. 앞서 설명하였듯이 내가 재구성한 남도만의 개념은 함평만, 영광만, 무안만, 해남만, 영암만, 강진만, 득량만, 보성만, 여자만, 순천만, 광양만 등을 포괄하는 개념이고, 무안만은 지금의 영산강 문화권을 모두 포섭하는 개념이기 때문이다.

남도만은 오랜 역사를 이어오는 동안 도자산업 벨트를 구축하여 왔다. 현대에는 무안군 청계면을 중심으로 전국 최대의 생활도자 클러스터를 형성하고 있다. 강진만은 고려청자 문화특구로서 전통적인 맥을 이어오고 있다. 이러한 배경에는 뛰어난 도자 기술을 바탕으로 남도만이 양질의 점토와 풍부한 땔감, 무안만을 활용한 해상 운송로가 발달하여 예로부터 도자 산업이 성행할 기반을 갖추었기 때문이다.

역사적으로 살펴보면 삼국시대 질그릇, 옹기에서 시작되어 영암 시도유기(7~8세기) 전통으로부터 해남 녹청자(10~11세기)로 이어지고 이것이 다시 강진 청자(11~13세기)로 이어졌으며 무안 분청사기(14~16세기)로 이어졌고 다시 무안옹기(17C~20세기)로 이어지다가 현대에는 생활도자기(무안, 목포 중심)로 국내 도자기 역사를 계승하고 있는 명실상부한 도자기 문화 권역이다.

해남군 산이면은 10~11세기 우리나라 청자 발상지로 청자(녹청자)를 만들어 낸 가마터가 110여 개가 있으며 지금도 계속 발굴되고 있다. 강진군 대구면 일대의 청자도요지는 11~13세기 청자 중흥기를 견인한 대표적인 도요지다. 1942년 목포시 산정동에 국내 최초로 환원백자를 생산하는 주식회사 행남자기가 설립되어 백색, 고투광성, 치밀질의 생활자기를 대량생산했다. 이 공장을 시작으로 배출된 전문 인력들이 현재의 무안만 지역 생활도자 70여 개소를 운영하고 있는 주체 세력이다. 하지만 남도만의 도자산업은 우수한 기술력, 양질의 핵심원료(점토, 납석, 도석 등)를 지역 내 자체 조달 가능한 여건임에도 불구하고, 더 이상의 큰 발전 없이 70년대 생활자기 호황시대를 마무리하고 있는 것처럼 보인다. 호황기가 끝나간다고나 할까. 유럽 등 해외의 유명 브랜드와 중국의 저가 생활도자기가 국내시장을 잠식하는 상황에서 점차 경쟁력을 잃어가는 것이 아닌가 우려된다.

무안만의 도자산업 역사

앞서 설명했듯이 무안만은 우리나라 다도를 정립하여 차의 성인으로 추앙받는 초의선사의 탄생지다. 삼국시대부터 질그릇, 옹기를 생산했다. 차 문화 대중화에 기여한 무안 분청사기, 옹기, 현대생활자기로 전승되어 온 역사성이 다른 어떤 지역에 비해서도 가장 두드러진 지역이다. 무안만은 황토, 점토가 좋아 조선시대 전라도에서 생산되는 분청사기는 모두 '무안물物－무안분청'으로 통칭되었다. 그 발상지가 무안이라고 보면 된다. 최근 무안군 사적지 발굴 시 무안에서 인화문분청을 비롯해 분장문분청, 무지반덤덩분청, 귀얄문분청 등 다량의 분청사기가 발견되고 있다. 또한 몽탄면 사천리와 몽강리(일명 꿈여울) 옹기마을은 삼국시대부터 옹기, 질그릇이 생산된 유서 깊은 곳이다. 조선 후기에서 1980년대까지 90여 호의 옹기마을이 형성되어 있었다. 여기서 생산된 옹기가 남도 지역 및 전국 각지로 공급되었다. 하지만 현재는 다 없어지고 청계면에 1개 업체만 그 명맥을 이어오고 있다.

무안분청은 고려말 청자의 쇠퇴와 민요民窯의 성장 등으로 초기의 분청에서부터 말기의 분청까지 무안만을 중심으로 널리 발전해왔다. 조선 후기 및 일제강점기에 일본으로 다량의 무안분청이 유출됐다. '무안고비끼(무안분청)', '무안하께메(무안귀얄)'는 일본에서 국보급으로 대접받고 있는 무안 분청사기라 할 수 있다. 일제강점기 무안 거주 일본인들에 의해 본격적으로 연구되었음은 앞서 살펴본 바와 같다.

남도만(전라도 전역)에서 생산되는 자기들이 모두 '무안분청'이라는 고유명사로 통칭돼 있었던 것으로 보면, 무안분청은 강진청자, 여주백자와 함께 우리나라 3대 도자기 발상지역에 해당한다. 현대에도 무안군은 서남해 지역의 도자문화를 이끌어가고 있다. 전통과 현대가 어우러지는 전국의 도자산업 중심지인 셈이다. 무안이 분청사기의 중심지였다는 점은 앞서 야마다 만키치로우의 연구를 통해 살펴보았다.

현대에 들어와 세라믹산업이 각광을 받고 있다. 도자기로부터 발전된 산업이다. 위키백과에서는 세라믹스ceramics 혹은 세라믹은 그리스어 '커라미코스'에서 온 말이라고 설명한다. 도자기를 뜻한다. 인도유럽

어족의 낱말 커ker는 열熱을 뜻한다. 세라믹은 요업 제품, 물질, 제조과정을 모두 포함하는 개념이다. 위키백과에서는 또 이렇게 설명한다.

> 세라믹은 열과 냉각 활동으로 마련된 무기 화합의 기금속 고체이다. 점토 등 천연의 원료를 사용해서 만들며, 용기로 사용되어 왔다. 이에 대하여 파인 세라믹스fine ceramics는 고순도의 인공 원료를 사용해서 만들며, 전자재료, 정밀기계 재료 등 다양한 용도에 쓰인다. 세라믹스 금속과는 반대로 전기를 잘 전도하지 않을 뿐만 아니라 유기재료와는 달리 고온에도 잘 견디는 특징이 있다. 일반적으로 세라믹은 수정처럼 원자들이 규칙적으로 배열된 형태를 띠고 있기 때문에 무기 화합의 세라믹으로 한정하여 세라믹을 지칭하기도 한다. 인류가 만든 최초의 세라믹은 도자기류이며, 기원전 27,000년 경에 점토로 만들어 구운 조각상을 예로 들 수 있다.

결론적으로 차의 중흥조이자 다성으로 불리는 초의선사 출생지는 물론 그의 유년 시절 풍경과 관련되어 있으니 도자산업과 차 산업은 일석삼조의 콘텐츠이자 향토산업인 셈이다. 장차 지역문화 창발과 재구성의 임무를 선도할 수 있는 곳이지 않을까? 무안만 토대의 유구한 무안분청을 씨줄 삼고 4차 산업혁명 시대 첨단산업의 날줄까지 직조할 수 있는 원형 같은 곳 말이다.

6

갯벌과 황토,
생극의 서사를 품다

본향은 나의 시조가 태어난 본토의 의미를 넘어서는 마음의 고향이다. 세파에 시달리고 역경들을 무수히도 견뎌내며 살아왔던 우리들이 잃어버린 곳, 피난처처럼, 어머니의 품처럼, 인류 시원의 동굴처럼 영육의 안식을 얻을 수 있는 곳, 그곳이 바로 본향 마을이다. 내가 여기서 말하는 남도만이 그렇고 무안만이 또한 그러하다.

_____ _

황토와 갯벌이 전하는 이야기
—

무안만에서 처음 시작된 것들, 상술한 키워드들이 발 딛고 서 있는 토대는 무엇일까? 그것은 당연히 땅이고 산이며 강이고 바다일 것이다. 하지만 나는 이 책에서 그것을 거꾸로 읽고자 했다. 그것이 시대적 명분이며 시대정신이라고 생각했기 때문이다. 무안만의 땅과 바다, 그리고 남도의 땅과 바다는 유별난 특징이 있다. 바로 황토와 갯벌이다. 이 장에서는 이 특성을 갯벌과 황토를 비롯하여 그 토대 위에 형성된 대표적인 콘텐츠를 이야기하고 이것의 총화라고 할 수 있는 마을 이야기로 전개해 보고자 한다.

한국의 갯벌(Korean Tidal Flats), 영문으로 'Getbol(갯벌)'이라 쓴다. 2021년 7월 26일 제44차 세계유산위원회(유네스코)에 의해 세계자연유산으로 등재되었다. 2007년 제주 화산섬과 용암동굴에 이은 두 번째 쾌거다. 지역적으로는 충남 서천, 전북 고창, 전남 신안, 전남 보성·

순천에 한정되었지만, 우리나라 전체 아니 서해며 황해 전체로 확대해야 하는 숙제를 안고 있기도 하다. 아쉽게도 무안만도 빠져있다. 이미 영산강이 막혀있어 갯벌 자체가 죽어버렸기 때문이다. 이외 무안을 끼고 있는 함평만 등이 통째로 빠져있어 시급한 재조정이 필요하다. 그래서인지 등재 자체가 전제조건을 달고 있기도 하다. 2025년까지 유산 구역을 확대해야 한다거나 추가로 등재될 지역을 포함해 연속 유산의 구성 요소간 통합 관리체계를 구축해야 하며 유산의 보존에 부정적 영향을 줄 수 있는 추가적 개발에 대해서도 관리해야 하고 멸종위기 철새 보호를 위해 동아시아-대양주 철새 이동경로(EAAF)의 국가들이 서로 협력해야 하며 특히 중국의 황해-보하이만 철새 보호구와의 협력을 강화해야 한다는 권고들이 그것이다. 권고라는 용어를 썼지만 일종의 단서 조건이다. 관련 기사나 정보들은 각양의 지면에 넘치도록 소개되었고, 또 보완되어 갈 것이기에 굳이 기본적인 정보를 여기에 나열할 필요는 없을 것이다. 다만 더불어 기쁨을 나눌 동안의 담론을 환기해두는 것이 필요해 보인다. 향후의 확장이나 논리의 재구성에 긴요할 것이라는 생각에서다.

남도 서사, 생극의 철학이 되다

푸르른 물과 회색빛 땅, 하나는 바다요 다른 하나는 갯벌이다. 있음과 없음을 반복하는 대대의 맥락들이다. 이번 유네스코 자연유산 지정은 개인적으로도 가슴 떨리는 일이며 '남도인문학'이라는 화두를 내걸었던 만용을 믿음으로 환치시키는 기점이기도 했다. 더 이상 손가락 세어가며 설명하지 않아도 된다는 안도 같은 것이었다. 저간의 칼럼들이 내게는 마치 천일기도와도 같은 것이었다. 그것을 남도라는 이름을

무안황토갯벌랜드 원경. 제공_ 무안군청

통해서 말하고자 했고, 섬진강을 거닐다가 영산강을 노래하다가, 여백
과 행간에 그윽하게 깃든 이름도 빛도 없는 민중들의 숨결들을 이야기
하고자 했던 이유가 공식화되었다고나 할까.

거듭 반복하는 질문 속에 '갱변'이 있다. 갱변은 이 땅 혹은 바다를
부르는 남도 지역의 독특한 호명법이다. 흑산도나 외해의 서남해 군도
에서도 넓은 바다를 갱번이라 한다. 바로 갯벌의 갯골, 남도 지역 말로
'개옹'혹은 '개골' 곧 물골이기 때문이다. 그 반대로 영산강이나 섬진강
에서는 강을 강이 아닌 바다로 인식했던 흔적들이 무수하다. 사실은
황해로 난 모든 강들이 그렇다. 강이 아니라 바다였다는 뜻이다. 목포
가 영산포의 한 포구 이름이었다가 후대에야 지금의 목포로 이명했음
을 누누이 설명했다. 광주 신창동을 영산 바다의 중심에 놓아도 이제
는 어느 정도 이해하는 이들이 늘었다. 곡성과 섬진강도 크게 다르지
않다. 나는 이를 '갱번론'으로 집약하여 정리했다. 있음과 없음을 반복

하는 원리, 거대한 바다도 하룻저녁에 막아 땅을 만들어버리는 혁명적인 그 생각들 말이다. 이것이 광주의 정신이고 남도의 정신이라 정리해두었다. 이 이름만큼 강력한 정체성, 서해 혹은 황해를 연대할 키워드는 많지 않다. 지금의 광주와 남도, 그리고 남북을 아우르는 한반도와 서해, 중국을 아우르는 황해가 주목해야 할 키워드다. 우리 이르던 그 갱번에 서서, 끝 간 데 모를 조하대의 심연으로 스며드는 개옹에 서서 한국의 갯벌, 남도의 갯벌을 바라본다.

조동일이 말했던 생극론과 주역의 대대를 여러 번 인용했다. 인류학이나 신화학에서는 이런 맥락의 철학을 대칭성對稱性이라 한다. 예컨대 나카자와 신이치가 레비스트로스를 이어받아 확장한 대칭성 이론 등이 여기 해당한다. 내가 갱번의 뭍과 물을 대대와 상보의 관계로, 있음과 없음의 철학으로 끌어온 토대도 이 주역의 정신에서 찾을 수 있다.

오늘날 음양론에 관한 학계의 일반적인 진술은 대체로 두 가지 입장이다. 음양대대성陰陽待對性과 음양상보성陰陽相補性이다. 음양대대성은 서로 대립하면서도 끌어당기는 관계로 상대가 존재함에 의해 비로소 자기가 존재하게 되는 관계다. 음양상보성은 2개의 다른 좌표를 통해 동일한 사태를 한꺼번에 볼 수 있는 상황을 기술하는 것이다. 탁양현은 이 두 개의 좌표가 서로 배척하고 있지만 또한 서로 보충한다고 설명한다. 음과 양은 서로가 마주 대하고 기다리는 대대, 서로 보완하는 상보相補의 관계다. 이 두 가지 특성은 동시적이다. 이러한 비동시적인 동시성은 또한 과정적이다. 남도 정신문화의 요체를 이른바 서민들의 말과 몸짓과 풍속에서 길어 올리고 그 배경을 물과 뭍의 대칭, 있음과 없음이 교직하는 변증법의 공간, 인류가 마지막까지 지켜야 할 레퓨지움이라 해석했던 의도가 여기에 있다. 나는 매번 갱번으로 돌아간다.

중국과의 대칭, 일본과의 상보, 대대성으로서의 동아시아, 나는 오늘
도 남도만의 갱번에서 '남도인문학'을 품어 올린다.

황토 땅, 양파를 품다

『무안문화』 제6호(2006)에 흥미로운 기사가 실렸다. 양파의 최초 재
배지가 무안이라는 주장이었다. 정병춘(농촌진흥청 작물과학원 목포시험
장)의 「목화, 고구마의 한국 전래와 무안 양파의 시배역사」라는 글이
그것이다. 이후 2014년 제2회 무안학 발표회(2014년 7월 29일)에서 정
병춘은 다시 「무안양파를 말한다」를 통해 이를 발표했다. 내용은 대동
소이한 것이다. 여기 정병춘의 글을 옮겨 실어 무안만에서 처음 시작
된 것들의 의미를 톺아보고자 한다.

양파의 원산지는 북서인도, 아프가니스탄, 타지크, 우즈베키스탄 및
천산 서부를 포함한 중앙아시아로 추정된다. 기원전 수천 년 전에 이
미 채소로 이용되었다고 하나 증거가 불분명하다. 초기에 이집트로 전
래되어 재배가 시작되었고 다음에 지중해를 통해 유럽으로 전파됐다.
남부 유럽에는 단양파와 백색양파가 발달했고 중북부 유럽에는 장일
성 양파가 발달됐다. 성경에 이스라엘 사람이 양파를 찾아다닌 기록
이 있다. 영국에서는 엘리자베스 왕조시대에 널리 재배됐다. 미국에서
는 1630년경 매사추세츠 주에서도 재배됐다. 1648년에는 버지니아
주, 1775년에는 앨라배마 주에서도 재배되었다. 인도, 중국에서도 오
래 전부터 재배했다는 기록이 있다(송기현). 일본에서는 1871년 내무
부에 의해 수입된 양파가 다른 서양 채소와 함께 당시의 아오야마의

관청 정원에서 시험 재배됐다는 기록이 있다. 1873년(명치 6)에 발간된 서양 채소 재배법에 보면 수입 채소 중 양파 4품종이 기록됐으며 1881년에 발간된 『주백래곡채목록중舟白來穀菜目錄中』에 5종이 미국에서, 4종이 영국에서, 4종이 프랑스에서 도입됐다는 기록이 있다(일본 『원예대사전』 제3권, 1954, 설문당 신지사 발행).

우리나라에 양파가 전래된 경로와 소비에 대한 자세한 기록은 없으나, 1908년 「조선농회보」 제6권에 원예모범장의 양파 경종 성적이 기록돼 있다는 것으로 보아 1906년 뚝섬에 원예모범장이 설치되면서 양파 연구가 시작된 것으로 보인다. 1967년 10월 30일 발간한 1905년부터 1966년까지의 「농사시험연구결과요람」(농촌진흥사업 60주년 기념 발간)을 보면 양파 관련 시험연구 결과가 여러 건 수록돼 있다.

황토 땅에 특화된 무안 양파

1932년 무안군 청계면 사마리 강동원 씨가 집을 떠나 일본으로 건너가 양파 재배 농가에서 체류할 때 양파 종자 1홉을 구입하여 고향의 숙부 강대광 씨에게 전달한 것이 최초의 무안 전래이다. 어린 조카인 강동원 씨가 바다 건너 일본에서 고향을 그리워하며 1932년에 보낸 그 귀중한 양파 종자를 받은 강대광 씨는 그 해부터 가을마다 파종, 육묘, 정식 등 단계별 작업을 추진해가면서 자라는 모습을 열심히 관찰하여 재배기술을 체계화시켰다. 어려움도 많았지만 몇 년간의 경험이 축적되면서 재배면적이 늘고 생산량이 늘어났으나 소비처가 없어 문제가 됐다. 고심하던 그는 양파를 마차로 수송해 목포 중앙시장에 내놓고 팔기 시작했다. 그때 목포에 사는 일본인들이 "한국에서도 양파가 생산되는구나" 하면서 좋은 가격으로 사주었다. 그렇게 하여

6. 갯벌과 황토, 생극의 서사를 품다

판매처를 확보한 그는 보리농사보다 몇 배의 소득을 올릴 수 있다는 자신감을 갖고 이웃집에 사는 장의진 씨에게 양파 농사를 권유하고 생산된 양파는 같이 마차에 싣고 목포에 내다 팔기도 했다. 이러한 과정을 거쳐 양파가 소득 높은 작물로 소문이 나자 성남리 인근 지역에서 재배하려는 농가가 늘어나기 시작하였으니 이것이 무안 지역에서 이루어진 최초의 양파 개별농가 재배 성공사례다. 무안을 양파 명산지로 성장시킨 뿌리가 되었다. 따라서 가장 큰 공을 세운 분은 강대광 씨이다. 1975년 12월 21일 무안군 무안읍 성남리 33번지에서 사망했으며 원실 씨가 세운 가문의 업적에 대한 기념비가 남안리 산 32번지 강씨 문중 산에 세워져 있다.

양파를 처음 재배한 곳이 무안이라는 점에서 큰 의미를 부여할 수 있지만 내가 이 항목을 선택한 것은 무안만, 아니 남도 땅의 황토 땅을 말하기 위해서이다. 황토 땅에 양파가 특화되었다는 점에서 그렇다. 무안군청에서는 양파를 '황토양파'로 이름 짓고 무안 특산물 중 하나로 홍보하고 있다. 무안만이 해안선을 끼고 있어서(사실 영산강이 바다였을 때에는 삼면이 바다였기 때문에) 겨울철은 온난하여 생육이 좋고 구비대기에는 서늘하여 알맹이가 충실하게 비대하므로 양파 고유 성분이 다른 지역보다 많다고 주장한다. 땅이 우수한 황토로 이루어져 있어 황토의 여러 가지 성분이 양파 생육과 구비대에 영향을 주기 때문이다. 따라서 품질이 좋다고 주장한다. 특히 황토 땅에 게르마늄 성분이 많아 항산화작용으로 인해 각종 성인병 예방에 효과가 있다고 한다. 효능으로는 피로회복과 스태미나, 콜레스테롤 분해, 혈압 강하, 당뇨병 예방 및 치료, 위장 활성화, 간 보호, 불면증 치료 및 기억력 향상, 백내장 예방 및 항암 효과 등을 거론한다. 농담조이긴 하지만 나도

양파 수확 작업을 하고 있는 무안 농민들. 제공_ 무안군청

머리칼이 거의 빠져 민머리가 되었는데 양파를 먹으면 머리칼이 돋아
난다는 소문이 있어 양파를 즐겨 먹는다.

무안군농업기술센터에서는 황토의 개념을 이렇게 정리하고 있다.

> 황토라 함은 일반적으로 누르고 거무스름한 흙, 황양黃壤을 말하며 바
> 람에 의해 운반되어 퇴적된 담황색의 미세한 모래와 점토로서 중국
> 북부, 유럽 중부, 북아메리카, 북아프리카 등지에 널리 분포되어 있으
> 며 지표면의 약 10%가 황토이다. 우리 땅에는 호황토가 약 15%, 황토
> 질이 약 20%에 이른다. 주로 실트Silt(微砂) 크기의 입자들로 구성되어
> 있으며 탄산칼슘에 의해 느슨하게 묶여 있다. 황토는 지역에 따라 몇
> 종류의 변종이 나타나는데 이들은 황토와 함께 황토질 모래, 황토질
> 롬loam 등을 포함한 황토계열을 구성한다.

무안 황토의 특징은 무안 황토땅의 화강암, 황강편마암, 반암의 풍화 잔적물로 흙의 색깔은 적색, 황색, 황적색이다. 여기서 생산되는 농산물들 예컨대 수박은 당도가 높고 감칠맛이 높으며 육질과 외관이 좋다고 한다. 고구마는 전분 함량이 높고 색깔이 짙어 품질이 우수하다고 한다. 적황색토의 분포 지역은 주로 무안의 현경, 망운, 해제, 운남 등지이고 부분적으로는 무안읍, 일로, 삼향, 몽탄, 청계 등이다. 해안선을 중심으로 전체 면적의 70% 이상이 황토로 덮여있다. 영산강이 해안선이던 시절로 소급하게 되면 거의 대부분의 해안선이 황토라고 봐도 무방하다. 그래서 이곳을 황토골 무안이라고 한다. 황토에는 보통 칼륨, 철, 마그네슘 등 다양한 성분이 들어있다. 무안 황토골은 그중에서도 게르마늄 성분이 특히 많다. 게르마늄은 흔히 '먹는 산소'라고 한다. 약용 식물 연구가들에 따르면 유기성 게르마늄 토양에서 자라는 모든 동식물은 인간에게 약이 된다고 하다. 또 이 지역에서는 피부병에 걸리거나 허리가 굽은 환자가 거의 없다고 하며 수명이 다른 지역에 비해 높다고도 한다.

이제 어렴풋이 보인다. 앞서 설명한 무안분청의 색 말이다. 누르고 거무스름한 색, 정교하지도 않고 미세하지도 않은 그저 투박한 질감, 몽탱이 어머니들이 이고 지고 어깨에 짊어지고 걷던 옹기의 색들 말이다. 일본인들이 앞다투어 매료되었고, 그들의 나라로 가져가서는 왕실의 그 어떤 장식보다 더 귀한 보배로 여겼던 무안분청 말이다. 어찌 물질뿐이겠는가. 이 색깔의 찻잔에 차를 따르면 명선의 세계로 진입하고, 물을 따르면 각설이 품바의 세계로 진입하지 않았는가. 이 책의 처음을 열었던 고양의 길과 하방의 길이 갯벌의 물골이었으며 가도 가도 황톳길 그 그윽한 남도의 길이었음을 이제 어렴풋이 볼 수 있게 되었다. 나는 이것을 하찮은 것에 지나지 않을 황토와 양파가 웅숭깊은 인문학의 범주로 포섭될 수밖에 없는 이유라고 생각하고 있다.

도스토예프스키의 『까라마조프가의 형제들』 중 '양파 한 뿌리'라는 우화가 잘 알려져 있다. 대강의 줄거리는 이렇다. 옛날 몹시 사악한 할머니가 살았다. 얼마나 사악했던지 생전에 한 번도 선행을 한 적이 없었다. 어느 날 죽어 저승문으로 가니 악마들이 불구덩이 속으로 던져 버렸다. 선행이 없다는 이유에서였다. 그런데 한 수호천사가 지옥 밖을 지나가다가 할머니가 지옥불 속에 떨어져 있는 것을 발견하게 되었다. 수호천사가 신에게 애원을 했다. "저 할머니를 구해주시오." 그러자 신이 말했다. "살아생전에 한 번이라도 선행을 했다면 그리해주겠다." 할머니의 일생을 적은 책을 봤더니 딱 한 가지 선행이 있었다. 밭에서 양파 한 뿌리를 뽑아서 거지에게 적선을 했던 것이다. 그 이야기를 들은 신은 "양파 한 뿌리를 할머니에게 던져라. 할머니가 그 양파 줄기를 붙잡고 빠져나오면 천국으로 가게 하라."고 했다. 수호천사는 양파 한 뿌리를 할머니에게 던져주고 조심스레 잡아당겼다. 할머니가 지옥에서 반쯤 나오는데 다른 죄인들이 같이 가자고 매달렸다. 할머니는 화가 나서 "이것은 내 양파야!"라고 외치면서 사람들을 걷어차 버렸다. 그러자 양파가 똑 부러지고 모두 다 같이 지옥 불로 들어가 버리고 말았다.

도스토예프스키는 양파 한 뿌리의 우화를 통해 무엇을 말하고자 했을까? 양파는 까도 까도 끝이 없다. 벗겨도 벗겨도 마치 프랙탈 같은 구조의 동일한 텍스트만 볼 수 있을 뿐이다. 그런데 양파 한 뿌리가 천국으로 가는 길을 보장할 수 있을까? 단지 구원의 가능성일 뿐인데 말이다. 그래서일 것이다. 평자들은 이렇게 말한다. 우화 속의 할머니는 이것을 천국으로 가는 티켓으로 오해한 것이다. 다른 죄인들이 매달렸을 때, 내가 받은 구원 티켓인데 왜 너희들이 같이 가려 하느냐는 심리가 표출된다. 발로 걷어차 버리는 행위가 그것이다. 결국 모두 함께 지옥으로 떨어지고 만다. 많은 연구자가 이 우화를 통해 공동체와 선행 나아가 실천적 사랑을 읽어냈다. 결론적으로 말하자면 도스토예프스키가 양파 한 뿌리를 통해 읽어낸 것은 증오를 벗어나는 방법이었다. 그것은 타자에 대한 '사랑'이었다.

가도 가도 전라도 황톳길

양파를 끝까지 벗기면 무엇이 남을까? 마늘이나 쪽파도 마찬가지다. 씨앗이 들어있는 씨방이 나오는 것도 아니요, 무화과처럼 속으로 핀 꽃이 들어있는 것도 아니다. 끝까지 가면 아무것도 없다. 분명 실체가 있어 벗겨 내려갔는데 마지막 종착지에는 아무것도 없는 공허만이 남아 있는 상태, 남진의 노래 한가락을 빌려 말하면 인생은 빈 술잔이란 뜻일까? 물론 그것은 아닐 것이다.

연구자들에 의하면 양파 한 뿌리 우화는 지옥에 대한 도스토예프스키의 생각을 함축하고 있다고 한다. 역설적으로 수호천사가 찾아낸 양파 한 뿌리는 희망일 수 있다는 뜻이다. 생전에 선행을 많이 한 사람들과 비교하면 불공정한 것처럼 보일 수 있지만, 그럼에도 불구하고 인간은 누구나 양파 한 뿌리 정도의 희망은 갖고 살 수 있다는 그런 뜻 말이다. 물론 전제가 있다. 마지막 남은 희망일지라도 독식하지 않고 서로 나눌 수 있는 지혜 말이다. 그래서 이 우화는 후술할 마을공동체 이야기로 이어진다.

가도 가도 붉은 황톳길

숨 막히는 더위뿐이더라

낯선 친구 만나면

우리들 문둥이끼리 반갑다

천안 삼거리를 지나도

수세미 같은 해는 서산에 남는데

가도 가도 붉은 황톳길

숨 막히는 더위 속으로

절름거리며 가는 길

신을 벗으면

버드나무 밑에서 지까다비를 벗으면

발가락이 또 한 개 없어졌다.

앞으로 남은 두 개의 발가락이

잘릴 때까지 가도 가도 천리

먼 전라도 길

　한하운(1920~1975) 시인의 「황톳길」이라는 시다. 수년 전 기회가 주어져 소록도 사람들의 생애담을 취재한 적이 있다. 얇은 보고서로 나오긴 했지만, 그 작업을 하면서 소록도에 대한 여러 가지 생각들을 정리할 수 있었다. 그중에서도 이곳이 남도 땅이라는 점, 내가 남도만으로 포섭한 여러 해만들 중 하나에 속한다는 점을 다시 환기할 수 있었다. 남도만과 무안만을 말하고 무안만의 황토와 갯벌을 말하면서 적어도 한하운의 황톳길 정도는 언급해 둬야 할 것 같다.
　한하운은 『나의 슬픈 반생기』에서 이렇게 얘기한다. "나는 어머니

　　　　　　　　6. 갯벌과 황토, 생극의 서사를 품다

보고 이제는 본 이름을 아예 부르지 말라고 하였다(본명은 한태영이다). 그리고 하운이라고 불러 달라고 하였다. 이제는 내 이름은 영혼도 없고 육체도 없으니 텅 빈 유령이 아닌가. 아니, 이는 유령과도 같은 존재가 될 수 없는 것이다. 다만 아득히 바라보이는 하늘에 이름도 형태도 없이 흩어져가는 덧없는 구름 같은 무존재가 아닌가.”

나는 이 대목을 읽으면서 황톳길과 황토 땅의 양파를 떠올렸다. 김지하의 숭어 뛰던 부줏머리 갯가를 떠올렸다. 실체를 벗기고 내면을 벗기며 존재 자체를 벗겨 내려가다가 종국에는 아무것도 없는 공허한 상태를 만나는 그런 상태라고나 할까. 하지만 야마다가 무안분청을 통해서 읽고 야나기 무네요시가 조선의 질그릇을 통해 읽은 비애와 한이 서린 길, 이내 그것을 훌쩍 뛰어넘는 고품격의 격조라고나 할까.

황톳길에 선연한
핏자국 핏자국 따라
나는 간다 애비야
네가 죽었고
지금은 검고 해만 타는 곳
두 손엔 철삿줄
뜨거운 해가
땀과 눈물과 메밀밭을 태우는
총부리 칼날 아래 더위 속으로
나는 간다 애비야
네가 죽은 곳
부줏머리 갯가에 숭어가 뛸 때

가마니 속에서 네가 죽은 곳
밤바다 오포산에 불이 오를 때
울타리 탱자도 서슬 푸른 속니파리
뻗시디 뻗친 성장처럼 억세인
황토에 대낮 빛나던 그날
그날의 만세라도 부르랴

시인 김지하는 1941년 목포에서 태어났다. 1969년 『시인詩人』지에
「황톳길」 등 5편의 시를 발표함으로써 문학인의 길을 걷게 된다. 1970
년 『사상계思想界』에 발표한 「오적」으로 반공법 위반 체포를 당한다.
1975년 제3세계 노벨상이라고 불리는 '로터스상'을 수상했다. 목포가
초기 무안항이었고 내가 설정한 무안만의 들머리 포구라는 점을 굳이
내세우지 않더라도 황토 땅과 숭어 뛰던 갯벌 땅의 절절한 인유, 김지
하를 떠올리지 않을 수 없다. 일정 기간 삼향 소재 디아코니아에 와서
요양을 하기도 했다. 이후 동학과 율려, 생명사상 등으로 한국 철학의
최고 권위를 갖게 되었다. 어쨌든 그 바탕에는 가도 가도 남도만의 황
톳길이 있고 숭어 뛰던 부줏머리 갯가가 있다. 바꾸어 말하면 이 황톳
길은 남도만의 가장 상징적인 길이요, 부줏머리로 표현되는 포구들은
남도만의 핵심적인 물길일 수 있다.

　일본 교토에 가면 '철학의 길'이 있다. 나도 몇 번 이곳을 찾아 좁고
길다란 천변길을 걸었던 적이 있다. 은각사부터 난넨지까지 이어지는
약 2킬로미터의 산책로이다. 일본의 철학자 니시다 기타로가 이 길을
산책하면서 사색을 즐겼다고 해서 붙여진 이름이다. 봄철이면 흐드러
진 벚꽃이 절경이다. 그래서다. 내가 지금 구상하는 것은 앞서 소개한

것들 또 뒤에서 언급할 것들을 모아, 일종의 깨달음일 수도 있을 철학의 길을 만들어 보는 것이다. 이 책을 쓰는 이유 중 하나이기도 하다. 아마도 언젠가는 남도 사람들이 즐겨 찾는 철학의 길이 무안만에 생기지 않을까?

갯벌과 낙지의 부화

낙지 하면 무안낙지를 떠올린다. 왜 그럴까? 무안만이 본래 개펄 땅이었기 때문이고 바다였기 때문이며 그 개펄의 센터였기 때문이다. 낙지 한 마리를 먹으면 쓰러진 소도 벌떡 일어난다는 말이 있다. 남도 사람이라면 누구나 아는 얘기. 소가 새끼를 낳거나 더위 먹어 쓰러졌을 때 낙지를 호박잎에 싸서 먹이는 사례들이 그것이다. 정약전이 쓴 『자산어보兹山魚譜』에는 마른 소에게 낙지를 서너 마리 먹이면 곧 강한 힘을 갖게 된다 했다. 정약용이 노래한 「탐진어가耽津漁歌」에는 남도의 어촌에서 모두 낙지로 국을 끓여 먹는다고 했다. 붉은 새우와 맛조개는 맛있다고 여기지도 않는다는 것. 핵심은 낙지가 그만큼 좋다는 뜻이다.

낙지는 개펄에서 산다. 물이 들면 물속을 유영하지만 물이 쓰면 개펄 구멍 속으로 들어가 산다. 그래서일까. 잡는 방법도 다양하다. 어떤 방법들이 있을까? 개펄 어로의 가장 전형적인 어종이라 할 만하다. 장어, 숭어 등의 어종이나 게 등의 갑각류도 들 수 있지만, 그중 하나를 고르라면 단연 낙지다. 개펄이라는 땅속을 파서 잡기도 하고 주낙이라는 낚시로 잡기도 한다. 낙지의 생태는 우리에게 많은 것들을 생각하게 해준다. 관련한 학위 논문들도 나와 있다. 하지만 크게 효용이 있

가래 낙지잡이를 하는 모습.

어 보이지는 않는다. 오히려 개펄 지역에서 살아온 낙지잡이 어부들의
구술담이 유효하다고나 할까. 지금부터 하는 이야기는 개펄 지역 어부
들이 말하는 낙지다.

　낙지는 구멍을 손으로 헤집어 잡는 것이 기본이다. 도구 없이 낙지
구멍에 팔을 쑤셔 넣어 잡는 낙지를 '팔낙지'라고 한다. 주로 여성들이
애호하는 방식이다. 낙지를 유인해서 잡는 방식도 있다. 낙지 구멍 주
위에 약간의 깊이로 구멍을 파고 둔덕을 만들어 둔다. 조수간만의 차
에 의해 물이 빠지면 낙지가 슬그머니 이 공간으로 나온다. 이때 순식
간에 낙지를 낚아채서 잡아야 한다. 낙지가 뻘 속에서 숨을 쉬면서 불
어 내놓는 물 때문에 봉긋하게 솟아오른 뻘 두덩이 생긴다. '부럿'이라
고 한다. 부럿 주위에는 위장을 위한 여러 개의 구멍이 있다. 낙지가

　　　　　　　　　　　　　6. 갯벌과 황토, 생극의 서사를 품다

숨어 있는 구멍을 찾기 위해서는 주위 구멍들을 발로 밟아보는 것이 순서다. 부럿과 연결된 구멍을 찾으면 순식간에 가래나 호미로 파 내려가야 한다. 낙지로 유인하는 방법도 흥미롭다. 잡은 낙지를 실로 묶어서 구멍 속으로 들여보낸다. 어느 정도 시간이 지나면 살그머니 빼낸다. 구멍 속의 낙지가 붙어서 나온다. 서해안 특히 경기만에서 행하던 손가락 어법도 있다. 손가락을 넣고 가만히 기다리면 낙지가 손가락을 타고 올라온다.

그물을 이용하는 방법이 있다. 주로 덤장이나 개맥이(개막이) 그물이다. 개막이는 남도 외 지역에서 건강망(수건처럼 둘러친다는 뜻)이라 부르기도 한다. 낙지만을 대상으로 하는 어법이 아니기 때문에 숭어 등의 다른 물고기와 함께 잡는다. 횃불을 이용해서도 잡는다. 흔히 '홰낙지'라고 한다. 가래와 횃불이 필수다. 조수간만의 차에 의해 물이 들고날 때 물을 따라가면서 잡는다. 여기서의 '가래'는 대나무나 싸리나무로 만든 작은 울타리 형식의 어구다. 근대 이후에는 손전등을 이용하기도 한다. 무릎 높이 정도의 바닷물을 따라 내려가면 낙지들이 꼿꼿이 서 있다. 이때 가래로 낙지를 덮어 잡는다. 가장 많은 방식이 낙지 주낙이다. 낙지 연승법이라고도 한다. 긴 줄에 사기 조각을 매고 게를 묶어 던져 놓으면 낙지가 달라붙는다. 통발을 이용하는 방법도 있다. 원통형의 그물 통을 만들어 긴 줄에 줄줄이 달아놓은 방식이다. 게를 집어넣고 펼쳐놓으면 낙지가 들어간다. 함정이기 때문에 한 번 들어가면 나올 수 없는 구조다. '고대고리'라 부르는 저인망식 방법은 불법이다. 개펄 바닥을 그물로 훑고 지나가는 까닭에 치어 등 거의 모든 고기가 잡혀버린다. 금해야 하는 방법이다.

낙지 알의 부화는 약 100일 정도 소요된다. 봄, 가을 두 차례에 걸쳐 알을 낳기 때문에 흔히 봄 낙지, 가을 낙지로 부른다. 예컨대 늦봄에 잡히는 낙지는 전년 가을에 짝짓기 해서 생긴 새끼들이다. 성숙한 개체로 성장하기까지는 약 4개월에서 7개월 정도 걸리기 때문이다. 짝짓기는 4개월 반 정도 자라면 가능하다. 낙지의 수컷과 암컷은 짝짓기를 하고 나서 새끼들의 양육에 전념한다. 수컷은 새끼를 보호하고 죽는 기간까지 합해 5개월에서 7개월을 산다. 암컷은 새끼의 부화까지 해도 10개월을 조금 넘기는 일생을 산다. 주목할 것은 새끼가 부화할 때까지 알의 보호를 위해 총력을 기울인다는 점이다. 마치 기계가 작동하는 것처럼 한 발 혹은 두 발로 발을 바꾸어가며 알을 어루만져 주는 일이 그것이다. 구멍에 산소를 공급해주기 위해서라고 알려져 있다. 혹은 쌓이는 분비물과 똥들을 치우기 위해서라고도 한다. 알이 부화되면 낙지가 기진맥진하여 구멍 안이나 밖에서 죽거나 다른 물고기들에게 잡아먹히기도 한다. 물론 사람에게 잡히는 경우가 많다. 알려지기로는 갓 부화한 새끼들이 어미들의 육신을 뜯어먹고 산다고도 한다.

그렇다. 낙지는 부모를 보지 못하는 어종이다. 어미는 알을 구멍에 붙이고 난 후 한순간도 쉬지 않고 발로 알들을 어루만진다. 마치 어미 닭이 알을 품어 부화하는 것과 마찬가지다. 새끼들의 알 속 활동에 대해서는 아직 연구된 바 없지만 나는 이것을 줄탁동시啐啄同時라 생각한다. 어미의 여덟 개의 다리가 어루만지는 활동에 상응하는 내적 추동이 있을 것이기 때문이다. 아마도 부모와 자식의 사랑을 이렇게 표현할 수 있으리라. 자신을 위해 헌신한 부모들을 먹고 구멍 속으로 나오는 낙지의 얘기는 감동적이다 못해 슬프기까지 하다. 우리의 삶이 그러하다. 자식을 위해 있는 것 없는 것 쏟아부어 양육하는 부모의 마음이 그러하고 제자들을 위해 살신성인하는 스승의 마음이 그러하다.

6. 갯벌과 황토, 생극의 서사를 품다

굳이 부언하지 않아도 낙지의 일생을 통해 우리가 얻는 영감들이 있다. 부모들과 스승들의 살신을 통해 양육된 아이들이 살얼음판 구멍을 타고 나와 세상에 우뚝 서게 되는 것. 낙지의 일생뿐 아니라 우리 사는 세상의 이치일 것이다.

어미는 크기에 따라 구멍을 60~70센티미터 가량 판다. 그 안에 알을 낳기 위해서 입에서 뿜어낸 '질'을 골고루 바른다. 구멍의 천장에 대개 마리당 70개에서 100개 정도의 알을 낳아 붙인다. 많이 낳은 경우는 170개 정도까지 낳기도 하고 적게 낳는 경우는 20개 남짓 낳는다. 알을 낳은 어미는 여덟 개의 다리로 끊임없이 알들을 어루만진다. 알과 알 사이를 한순간도 쉬지 않고 어루만져주기 때문에 알들이 성장하고 부화할 수 있다. 이른 봄이나 늦가을에 산란하게 되면 날이 추울 뿐만 아니라 행여 늦은 장마라도 겹치면 부화한 새끼들이 구멍을 탈출하기 어렵다. 마치 우리 아이들의 생태와도 같다. 낙지 새끼들이 구멍 속에서 버틸 수 있는 기간은 약 보름 정도다. 그 이후에는 구멍을 탈출해야 개체로 성장할 수 있다. 어미들은 부화를 위한 헌신으로 이미 기진맥진해 있고 구멍 앞에 쓰러져 있기도 하다. 살진 새끼들은 이미 구멍 밖으로 나가버렸지만 약한 새끼들은 그 어미들을 먹어치워야 세상 밖으로 나올 수 있다. 그래서 조상을 보지 못하는 어종이라는 수식이 붙었다. 남도 지역에서 흔히 운조리(망둥어)라고 하는 어종도 유사하다.

낙지는 1년생이다. 한 해를 넘기는 경우는 거의 없다. 한평생인 일 년 동안 낙지가 하는 일은 새끼를 낳아 기르는 것. 그러기 위해서인지는 모르겠지만 왕성하게 먹이를 섭취한다. 낙지가 못 먹는 것은 없다고들 한다. 크고 작은 갑각류를 집어삼키고 잘게 찌꺼기를 내뱉는 것을 보면 매우 흥미롭다. 갑각류뿐만 아니다. 조개, 소라, 바지락, 숭어 등의 물고기까지 구멍에 걸리는 모든 것들을 먹어치운다. 낙지가 힘이 좋은 이유가 여기 있는지도 모른다. 아마도 낙지 한 마리로 쓰러진 소를 일으켜 세운다는 얘기가 여기서 나왔을 것이다. 이러다 보니 낙지가 낙지를 잡아먹는 경우도 흔하다. 경우에 따라서는 자기 발을 잘라 먹는다. 웬만해서는 죽지 않고 생명을 이어갈 수 있는 어종이다.

초꼬지호롱에서 낙지호롱까지

초꼬지(등잔불)의 표준말 호롱은 호롱박에서 온 말이다. 1978년 개봉된 영화 〈취권〉을 보면 고수 원소전이 호롱박 술병을 허리에 차고 다닌다. 호리병이라고도 한다. 위와 아래가 둥글고 가운데가 잘록한 모양이다. 바가지 밥그릇이란 뜻의 호로병瓠盧瓶에서 온 말이다. 호리병의 형태는 영락없는 초꼬지다. 아랫부분은 넓고 둥글며 위쪽은 초꼬지의 뚜껑처럼 작고 쭈뼛하다. 호롱박은 박과의 한해살이 덩굴풀이다. 줄기는 덩굴지고 덩굴손에 의해 다른 물체에 감아 붙는다. 잎은 어긋나고 심장 모양이다. 열매가 길쭉하게 생겼는데 가운데가 잘록하다. 한자로 표기하면 포로匏蘆다. 바가지를 만드는 '박'의 열매를 뜻하기도 한다. 남도 지역에서 낙지를 꼬챙이에 꿰어 둘둘 말고 볏짚으로 싸서 구운 것을 '낙지호롱'이라 한다. 호롱박의 형태를 빌려 쓴 호명 방식이다. 낙지의 머리가 호롱박처럼 둥그런 모양이고 발들이 얽혀있으니 덩굴에 비유한 셈이다. 포로, 호로, 호로병박, 호리병박 등이 같은 뜻이다. '조롱박'이라고도 한다. 조롱의 안쪽에 촛불을 켜면 초롱이다. '초롱'의 롱籠은 삼태기나 대나무로 만든 그릇 곧 대바구니다. 중국 동북 지역이나 경북, 충청, 함경도 등지에서는 '새장'을 초롱이라 한다. 모두 둥그런 모양의 용기라는 뜻이다. 초롱은 촛불이 바람에 꺼지지 않도록 곁에 천 따위를 씌운 등燈이다. 혼인식을 할 때 사용하는 '청사초롱'도 여기서 나온 말이다. 푸른 천과 붉은 천으로 상하단을 두른 형태다. 조선 후기에 궁중에서 왕세손이 사용했다. 청사등롱靑紗燈籠, 정삼품부터 정이품의 벼슬아치가 밤에

낙지호롱

다닐 때는 쓰던 품등이기도 했다. 신랑과 신부가 교배례 때 사용하던 술잔은 '조롱박잔'이다. 조롱박이끼, 조롱박세포, 조롱박오목 등 모두 호롱박의 형태를 본뜬 이름들이다. 초꼬지는 호롱박의 형태에서 여러 이름들이 생긴 등불과 이음동의異音同義이다. 낙지호롱이란 말은 호롱박에서 나온 말이다.

나는 『한국생업기술사전』(국립민속박물관, 2021년)의 몇 항목을 맡아 책임 집필했는데, 낙지 맨손어업은 이렇게 기술해두었다.

〈농어업인 삶의 질 향상 및 농어촌지역 개발촉진에 관한 특별법〉 제30조의3과 〈시행규칙〉 제2조의12 제3항 및 제4항에 따라 2018년 무안·신안 갯벌낙지 맨손어업과 하동·광양 섬진강 재첩잡이 손틀어업

이 각각 국가중요어업유산 제6호와 제7호로 지정되었다. 낙지는 갯벌에 서식한다. 물이 들면 물속을 유영하지만 물이 빠지면 갯벌 구멍 안으로 들어가 산다. 갯벌어로의 가장 전형적인 어종 중 하나로, 잡는 방법도 다양하다. 대규모의 포획 방식에는 연승, 통발, 덤장, 건강망, 고대고리 등이 있다. 전통적으로 전라북도 무안과 신안 그리고 전라남도해남과 진도를 포함한 서남해안 전역의 갯벌에서 낙지 맨손어업이 성행하였다. 그런데 이 중에서 무안과 신안의 갯벌 낙지가 유명해진 것은 다른 지역이 간척으로 인하여 갯벌 면적이 줄어든 이유도 있지만, 다른 지역보다 낙지가 서식하기에 좋은 환경을 지녔기 때문이다.

무안군에서는 갯벌낙지를 이렇게 소개하고 있다.

게르마늄이 풍부한 청정 갯벌에서 서식하는 무안갯벌낙지는 단백질, 필수 아미노산, 타우린 등이 풍부하여 피로, 시력, 간 기능 회복에 탁월하고 철분 함량이 높아 지친 소에게 먹이면 벌떡 일어날 정도로 남성에게는 스태미나가 뛰어나며 여성 미용에도 탁월하다. 깊은 갯벌에서 성장해 발이 가늘고 길며 부드럽다.

또한 무안군은 어업유산 제6호로 지정된 무안낙지 맨손어업의 가치를 선양하기 위해 '갯벌낙지 맨손어업 유산관'을 전국 최초로 개관하기도 했다. 해제면에 위치한 무안황토갯벌랜드 내 생태갯벌과학관 1층에 150평방미터의 규모로 만들었다. 이곳은 전국 최초로 갯벌습지보호지역으로 지정된 곳이기도 하다.

6. 갯벌과 황토, 생극의 서사를 품다

최초의 레퓨지움, 최후의 마을

황토와 갯벌 그리고 남도, 나에게는 이 용어들이 모두 마을의 다른 이름이다. 남도만을 이야기하고 무안만을 이야기하는 이유가 사실은 마을을 이야기하기 위해서인지도 모른다. 따라서 양파 한 뿌리, 가도 가도 황톳길, 낙지 잡던 갯벌, 숭어 뛰던 부줏머리 갯가의 이야기를 마을이라는 화두로 마치고자 한다.

인생이란 낯선 여인숙에서의 하룻밤이다. 테레사 수녀가 선종하면서 남긴 말이다. 수많은 사람들의 존경을 한 몸에 받고 성인의 경지에 오른 그녀 아닌가. 약속받은 천국이 있으니 87년간의 이승일지라도 고작 찰나에 지나지 않는다는 뜻이었을까? 글쎄다. 그녀가 평생을 두고 사랑했던 이름도 빛도 없던 빈민과 노인과 아이들에 비추어 보면 딱히 그런 것도 아닌 듯하다. 종교인이든 무신론자든 속절없는 시간과 인생의 덧없음에 대한 생각이 비슷하다고나 할까. 극락을 예비한 자도 천국을 약속받은 자도 예외 없는 것이 실존적 고독과 외로움 아닐까.

가까운 예로 오랫동안 OECD 1위를 고수하고 있는 우리나라 자살률을 들 수 있다. 인구 10만 명당 26.6명(2018년 기준)에 이른다. 2020년 6월 1일 보건복지부와 중앙자살예방센터가 발표한 「자살예방백서」 자료다. 2017년보다 9.7% 증가했다. 자살률이 가장 높았던 2011년보다 16.1% 감소했으니 불행 중 다행이라고 해야 하나? 경제적 어려움, 신체적 어려움 등 갖가지 원인들이 있지만 가장 근본적인 이유는 외로움이다. 어느 시대라고 외로움이 없겠냐마는 특히 현대인들은 심각해 보인다.

외로움이 어디서 오는지 다각적으로 분석된다. 다 열거하기 어렵다.

내가 문제 삼는 것은 '외로움 그 후'다. 예컨대 이런 것이다. 자기 삶의 어떤 잔혹한 분기점에 도착했을 때, 도저히 이 지상에서 숨쉬기 힘들다고 느낄 때, 사람들은 어떻게 대응할까? 고통을 토로하고 나눌 벗이 필수다. 그럴 벗조차 없다면 어찌해야 하나? 내 경우는 그럴 때마다 고향마을을 찾는다. 아버지 어머니 산소 곁에서 목 놓아 울다가 다시 일어섰던 기억들이 처연하다. 죽을 것 같았지만 다시 일어설 수 있는 힘을 얻게 되는 곳, 내 본연의 자리로 돌아갔을 때라서 그럴까? 사람마다 다르겠지만 고향마을은 대개 그런 곳이다. 반론이 돌아온다.

전통적인 마을에 대한 감수성 없는 아파트촌 출생자들은 어찌해야 하나? 그렇지 않다. 병원이나 아파트촌에서 태어나고 자랐다고 본원적 노스탤지어조차 망실한 것은 아니다. 전통적인 좌청룡 우백호의 길지가 아니라, 도심의 한 공간도 마을이기 때문이다. 전자를 과거 형태의 향수라 한다면 후자는 미래 형태의 향수다. 그 전형적인 지상의 공간이 마을이다.

'마을'은 '몰'과 '술'의 합성어다. '몰'은 모으다, 모이다 등의 뜻을 가지고 있다. 마을을 '말'이라고 부르는 곳은 강원, 경상, 충남, 평안, 함경, 황해, 중국 동북삼성 등 광범위하다. 모였으니 '떼거리'다. 예컨대 여러 지역에 분포한 '말무덤' 유적들은 '말(馬)'의 무덤이 아니라 어떤 떼거리의 무덤을 말한다. 유사한 말이 '무리'다. 달무리, 해무리 등의 용례가 남아있다. 영어권의 빌리지Village, 중국의 촌村이나 둔屯이다. 촌을 뜻하는 일본의 무라(むら)가 흥미롭다. 우리말 '말(마을)'의 고어가 '모라'이기 때문이다. 단국대 남풍현 교수에 의하면 탐라의 옛 이름은 탐모라牝牟羅다. 울진 봉평리 신라비(524년)에도 거벌모라居伐牟羅라는 기록이 남아있다. 『일본서기』에는 백제의 구례모라성久禮牟羅城, 등리지모

6. 갯벌과 황토, 생극의 서사를 품다

라牟羅利枳牟羅, 포나모라布那牟羅, 모자지모라牟雌枳牟羅 등을 열거하고 있다. 모두 마을이란 뜻이다. '술'은 '슬'이나 '실'의 고어다. '마실 간다' 할 때의 '마실'이 용례로 남아있다.

곡성 돌실나이의 '돌실'이나 전국에 분포하는 '밤실', '닭실' '비실' 등도 그러하다. 모두 계곡을 낀 들판, 곧 넓은 '골짜기(고을)' 형국이다. 배산임수(산을 등지고 물을 품은 형세)의 공간에 어떤 주체들이 모인 형국을 마을이라 불렀음을 알 수 있다. '술'은 특정한 공간이요, '물'은 유동하는 주체들이다. 문제는 고대로부터 현대에 이르기까지 끊임없이 변화해온 마을의 실체를 주목하는 일이다. 유기적인 네트워크의 확장이나 생산소비 구조의 전복, 절대인구의 감소와 관계인구로의 전환 등이 대표적이다. 고정된 공간과 유동하는 주체들 간의 네트워크를 주목해야 마을의 실체를 볼 수 있다.

전통적인 마을의 이미지 속에 함정이 있다. 대동계니 상포계니 품앗이니 따위의 공동체 안에 은닉된 이데올로기들이다. 대동의 마인드와 지주 소작 관계, 남존여비 따위를 구분하는 일이 중요하다. 근자에 유행하는 도시재생이니 마을 만들기니 어촌뉴딜이니 하는 따위의 새로운 디자인들 속에서 산견되는 오류들이다. 수축사회의 수렴을 담아내지 못하고 호혜평등의 민주를 담아내지 못한 채 끊임없는 증식과 재화의 확장만을 꾀하고 있다. 비전 없는 달리기, 브레이크 없는 무한 욕망에 대한 질주를 멈추지 않으면 군중 속의 외로움들은 늘어갈 수밖에 없다. 새로운 마을을 만드는 것보다 본래적인 마을의 기능을 되찾는 일이 시급해 보인다. 아이들을 위한 공동육아의 전통, 삶 자체로서의 마을학교, 요양원에 끌려가지 않고 내 마을에서 임종할 권리, 관계인구의 회복 등이 해답을 줄 수 있다.

진도 가사도에서는 초상이 나면 전국에 흩어져 있는 갑계원 동창 계원들이 모두 와서 상례를 치른다. 마을에 거주하지는 않지만, 마을 구성원임을 알 수 있다. 해남군 농촌신활력플러스추진단을 이끌고 있는 박상일 대표에 의하면, 이러한 관계인구와 마을 커뮤니티 케어, 가치농어업 등으로의 전환이 마을 회복운동의 필수 요건들이다. 나도 마을의 정체와 비전에 대해 배워가며 이 실험을 주목하고 있다. 거향居鄕에서 유향留鄕으로, 노마드 시대 유향流鄕민들이 막다른 벼랑에 몰렸을 때 비로소 회향回鄕할 수 있는 노스탤지어의 재구성, 내가 구상하는 마을은 대체로 이런 디자인이다. 나는 끊임없이 꿈을 꾼다. 적어도 현대인들에게 이 땅 어딘가 마음의 고향마을 하나쯤은 있어야 하지 않겠는가. 나는 이를 무안만 나아가 남도만에서 적극 추진할 수 있기를 기대하고 있다.

레퓨지아refugia는 빙하기와 같은 대륙 전체의 기후 변화기에, 다른 곳에서는 멸종된 것이 살아 있는 지역을 말한다. 영국 본머스대 연구팀에 의하면, 현생 인류가 아프리카를 떠날 때 빙하기가 닥쳐 다양한 고대 인류들이 '레퓨지아'라는 곳으로 모였다고 한다. 유발 하라리는 보이지 않고 존재하지 않는 것을 상상하는 능력 때문에 인류가 지구별의 주인공이 되었다고 말한다. 하지만 이 과학적 분석은 빙하기 때문에 인류가 지구별의 주인공이 될 수 있었다고 말하는 중이다. 유기체가 소규모 제한된 집단으로 생존하는 지역 또는 거주지라는 말이다. 레퓨지움refugium은 광범위하게 분포했던 레퓨지아의 복수형이다. 이들 지역에서 생존을 지속가능하게 했던 요인은 기후적, 지형적, 생태적, 역사적, 그리고 문화적 특성들이다. 레퓨지refuge는 피신처, 은신처, 난민들의 도피시설 등을 가리키는 말로 쓰인다. 바꾸어 말하면 레퓨

6. 갯벌과 황토, 생극의 서사를 품다

지아가 아니면 인류는 멸종되었다는 뜻이다. 나는 이를 『한국인은 도깨비와 함께 산다』(다할미디어, 2021)에서 도깨비의 서식처라는 함의로 풀어낸 바 있다. 왜 둠벙이 중요하고 늪지와 갯벌이 중요한지 레퓨지움이라는 개념을 통해 설명해두었으므로 관심 있는 분들은 그 책을 참고하면 도움이 되지 않을까 싶다.

　예컨대 성경에 나오는 노아의 방주가 레퓨지아이고, 내가 '회향'이라 명명하고 복원 운동에 가담하고 있는 전통마을 운동이 겨냥하는 곳이기도 하다. 수구초심首丘初心이라 했다. '여우도 죽을 때 머리를 자기가 살던 굴을 향한다'는 의미가 곧 본향本鄕으로서의 마을에 있다고 생각한다. 세계 전반에 분포되어 있는 홍수설화의 발원지다. 홍수로 세상 모든 것들이 물에 휩쓸려 죽고 마지막 남은 음양의 남녀가 새 세상을 창조했다는 창세설화의 표본이다. 내가 말하는 본향은 나의 시조가 태어난 본토의 의미를 넘어서는 마음의 고향이다. 그것을 레퓨지움 본향이라 명명했던 것이다. 세파에 시달리고 죽을 것만 같은 역경들을 무수히도 견뎌내며 살아왔던 우리들이 잃어버린 곳, 피난처처럼, 어머니의 품처럼, 인류 시원의 동굴처럼 영육의 안식을 얻을 수 있는 곳, 그곳이 바로 본향 마을이다. 내가 여기서 말하는 남도만이 그렇고 무안만이 또한 그러하다.

창극,
전통인가 혁신인가

한 시기 모든 국민들의 사랑을 받았던 창극이
이제는 뮤지컬 오페라, 악극, 소리극 등에 비해
열세를 면치 못한다. 시대의 요청에 부응하라는
뜻일까? 무안의 강용환을 매개 삼아 창극이 발
아하고 발전했듯이 이제 또 다른 관점의 음악극
이 시도되어야 하는 시기를 맞고 있다. 문제는
전통이라는 양식을 바라보는 시선과 해석의 편
협성이다. 전통으로서 보호하는 것은 철저하게
하되, 나머지 것들은 제약 없이 발전할 수 있도
록 장려하는 것이 옳다.

――――――――――――――――――――――― -

전통음악의 재구성, 창극

무안만에서 처음으로 시작된 것들 속에 판소리 창극을 빼놓을 수 없다. 무안 사람 강용환(강용안이라고도 함, 1866~1938)이 이를 적극적으로 고안하고 재구성했기 때문이다. 본 장에서는 그를 중심으로 판소리와 창극의 미학을 짚어두기로 한다.

언제부터 창극唱劇이란 장르가 생겨났을까? 창극은 문자 그대로 창唱과 극劇의 복합장르다. 창은 판소리를 가리키는 말이고 극은 연극을 말한다. 판소리로 하는 음악연극이라는 뜻이겠다. 오늘날로 말하면 뮤지컬이니 음악극이니 하는 따위가 이 범주에 속한다. 수십 년 전 내가 진도문화원 사무국장으로 일할 때, '민요창극'이라는 용어를 사용하여 노래극을 만든 적이 있다. 극본은 고 곽의진 작가에게 맡기고 노래는 유장영 감독에게 맡겼는데, 내 의도는 판소리가 아닌 진도의 민요를 매체 삼아 연극을 꾸며보자는 것이었다. 방송 등 언론에서는 전문 소

2003년 〈아리아리랑 날 다려가오〉 공연(연출 이윤선). 제공_ 진도군립민속예술단

리꾼들이 아닌 민간인들의 참여라는 점과 민요를 극으로 만들었다는 지점들을 주목해주었던 것 같다. 당시 국립국악원 개원 50주년 기념 초청공연까지 이루어졌으니 제법 관심의 대상이 되었다.

하지만 내가 민요창극이라는 용어를 쓰기 이전에 이미 판소리뿐만 아니라 민속예술 전반의 노래, 예컨대 무가나 민요 따위를 매체 삼은 연극을 창극의 범주로 분류하기도 했다. 판소리만을 표현 매체 삼지 않고 전통음악의 문법을 총체적으로 활용하는 것을 창극으로 이해하는 입장인 셈이다. 민요창극이니 소리극이니 하는 주장과 시도들이, 창극은 반드시 판소리로 해야 한다는 주장과 병존해왔다고 보는 것이 옳을 듯하다.

판소리는 종묘제례악에 이어 두 번째로 유네스코 무형유산에 지정될 만큼 우리 노래 양식의 대표성을 갖고 있다. 궁중음악의 백미를 종묘제례악 혹은 수제천壽齊天이라는 합주곡을 든다면, 민간음악의 백미는 판소리를 꼽는다. 전통악기로 연주하는 산조散調라는 양식도 사실은 판소리의 어법을 악기로 연주하는 데서 출발한 것이기 때문에 판소리가 가지는 위상이 그만큼 크다. 판소리는 사전에서 어떻게 설명하고 있나? "광대 한 사람이 고수鼓手의 북장단에 맞추어 서사적인 이야기를 소리와 아니리로 엮어 발림을 곁들이며 구연口演하는 우리 고유의 민속악. 조선 숙종 말기에서 영조 초기에 걸쳐 충청도, 전라도를 중심으로 발달하여 왔으며, 지역에 따라 동편제, 서편제, 중고제로 나뉜다." 박황은 『판소리 소사』에서 이렇게 설명해두었다.

> 판소리는 몇 시간이나 걸리는 〈춘향가〉, 〈심청가〉, 〈흥보가〉 같은 장편의 이야기를 고수의 북 장단에 맞추어서 혼자 부르는 것이 원칙이다. 한 편의 가사 내용을 극적으로 분석하여 본다면 판소리는 한 사람이 수십 명의 역할을 도맡은 극창劇唱이라 하겠다. 자문자답하고 자창자화하면서 노래 속에 나오는 등장인물의 진퇴, 기복, 굴신뿐 아니라 장면의 동작 표시와 희로애락의 감정 표현까지 절조 있게 진행시킨다.

판소리를 분창하여 연극의 형태로 만든 최초의 인물은 무안 사람 강용환이다. 1900년대에서 1920년대까지 판소리를 연극화한 창극은 중국의 경극, 일본의 가부키 혹은 신파극으로 불리는 장르들에 영감을 받아 재구성한 근대 음악극이었다. 1960년대 들어서 국립창극단이 생기면서 제도적인 보호 정책이 실시되었다. 1962년 문화재보호법이 생기고 1964년부터 국가문화재가 지정되기 시작한 맥락과 궤를 같이 한다. 판소리에서 창극으로, 구파극에서 신파극으로, 혹은 전통음악 장르에서 창가, 가요, 트로트, 심지어는 지금의 힙합이나 랩 등의 장르로 변천해오는 동안 수많은 굴절과 승계 혹은 혁명적인 시도가 이루어졌을 것이다.

가극에서 악극까지

　전통적인 판소리나 그 형식을 빌려 만든 가극歌劇을 창극唱劇이라 한다. '소리극', '뮤지컬' 등을 포괄한다. 하지만 '판소리극'이라고 하지는 않았다. 판소리를 기저 삼고 있는 노래극인데 왜 판소리를 걸어 호명하지 않았을까? 판소리 발생 300여 년, 창극 발생 100여 년, 수많은 호명들이 이 장르를 수식했다. 민요창극, 악극, 가극, 가곡, 국극, 여성국극 외에 딸딸이, 포장극장, 나이롱극장, 약장수극장 등을 포함시킬 수 있다. 그 시초에 협률사라는 100여 년 전의 구성물이 있다. 20여 년 전 내가 기획했던 '민요창극'은 졸고, 「민요창극을 통해서 본 지역 문화콘텐츠 포지셔닝-〈진도에 또 하나 고려 있었네〉를 사례로-」(공연문화연구, 2006)를 참고하면 도움이 된다. 고 주호종 감독(정읍시립국악단)의 도움이 매우 컸다.

　민요창극이라 이름 붙인 이 실험에서 나는 두 가지 접근을 했다. 하나는 스토리를 구성하는 장소성에 관한 것이고 다른 하나는 공연 구성에 관한 것이었다. 다른 것은 생략하고 극의 메커니즘만을 소개해둔다. 창극의 절충주의적 주장(앤드류 킬릭)에 의하면, 창극은 주변적인 위치에도 불구하고 어느 면에서는 비정상적으로 한국을 잘 표현하고 있다고 평가한다. 창극이 논란을 일으키며 지역이나 계층적 기원의 구분을 중시하지 않고 국악의 전 영역을 접목시킨 첫 장르가 되었다고 한다. 연극적 내용을 고안하기에 필요한 국악 레퍼토리의 어떤 것이라도 사용될 수 있는 지점까지 판소리의 음악적 절충주의가 확장되었다는 것이다.

이것은 내가 민요창극이라는 용어를 시도하기 훨씬 이전부터, 어쩌면 창극의 발생 초기부터 판소리뿐만 아니라 민속예술 전반의 노래 예컨대 풍물이나 민요 따위를 매체 삼은 연극이 그 대상이었음을 추정하게 해준다. 판소리만을 표현 매체 삼지 않고 전통음악의 문법을 총체적으로 활용하는 것을 창극으로 이해하는 입장이라고 할까. 아니 그것보다 사실은 내가 사회극이라 이름 붙인 씻김굿, 다시래기, 만가, 윷놀이 등이 이미 극적 장치들을 수천 년, 수만 년 축적해왔다는 점에 주목할 필요가 있다.

창극 혹은 소리극으로 표방되는 이 범주의 시원을 가늠하기 어렵다. 나는 이 사회극의 자발적 서사를 '뀌다가도 하는 지랄론'으로 이론화시키기도 했다. 갑작스럽게 혹은 도발적으로 일어난 죽음 등의 사회적 손실에 대해, 나아가 일시에 당하는 슬픔, 분노 등의 상실감에 대해 사회적으로 대응하기 위한 의례적 기제機制(기계적으로 구성되어 있는 조직이나 공식 따위의 내부 구성)라는 것이 내 이론의 핵심이다. 연극이니 제사니 예술이니 의례니 따위의 연행들은 이 영육간 치유를 위해 고안된 사회극이라는 뜻이다. 준비되지 않은 불시의 상황에 안타고니스트(손실의 객체)가 출현하여 프로타고니스트(손실의 주체)와 갈등 및 풀이의 서사를 꾸리고 종내는 손실의 보상을 얻는 방식이기 때문이다.

그래서 내 고향 어르신들은 이 의례에 나타나는 일종의 훼방꾼을 '뀌다가도 하는 지랄'이라고들 해왔다. 매우 즉흥적인 돌발 행위로 보이는 이것이 사실은 수만 년 인류가 고안해온 치유의 메커니즘이었던 것이다. 기회가 되면 이 이론에 대해서는 따로 소개하는 시간을 마련하겠다. 따라서 창극의 발생사를 얘기할 때, 민요창극이니 소리극이니 하는 주장과 시도들이, 창극은 반드시 판소리로 해야 한다는 주장과 병존해왔다고 보는 것이 옳다. 이런 점에서 중국의 경극, 일본의 가부키나 신파극 영향설을 주로 주장해왔던 창극 발생이나 기원설에 대해 재고할 필요가 있다.

최승연의 「악극 성립에 관한 연구」(어문논집, 2004)를 빌리면, 악극은 1930년대 대중극의 한 종류로 발생하여 크게 성행했다. 이 당시 불리던 '가극'이라는 용어에는 모든 음악극 양식을 포괄하여 창가를 주음악적 재료로 사용한 음악극, 오페라, 창극은 물론, 신파극단들이 당시 유행가를 적극적으로 활용하여 만든 음악극이 모두 포함됐다. 1940년대 들어서면서 '악극'은 독립된 양식 명칭으로 불리게 되었다고 한다. 이 '악극'과 '가극'이 창극과 불가분의 관련을 가지고 있다. 금용웅은 「1920년대 중후반 판소리와 창극의 전개 양상」에서 장르간 혼성 공연 형태를 분석한 바 있다. "서양음악과의 혼성 형태, 연극, 강연, 영화, 댄스, 마술과 같은 장르가 함께 공연되었다. 이와 같은 서양식 장르와의 혼성 공연 형태는 1920년대에 들어 더욱 활발하게 전개되면서, 전통음악 공연의 한 형태로 자리 잡게 되었다."

결이 좀 다른 얘기긴 하지만, 이런 일련의 변화를 공연집단 간 기존의 계층이나 신분의 벽을 넘어서게 되는 효과로 해석하기도 한다. 정충권은 「20세기 초 극장무대 전통공연물의 향유 방식」에서, 전통시대 공연자 및 관객의 신분별, 계층별 장벽이 허물어져 일종의 평등성을 구현했다고 평가한다. 또 전통공연물이 실내의 극장무대 위에 놓임으로써 관객으로 하여금 일종의 감각적 향유를 경험하게 했다는 점, 예술상품으로써 소비적으로 향유되었으므로 그 나름대로 공연예술사상 오늘날 대중적 향유에 해당하는 양상을 드러내게 되었다고 주장한다. 이것은 역설적으로 판소리와 창극이 1910년대 이후까지 변화하고 존속할 수 있는 배경이 되기도 한다. 마치 현재의 트로트 열풍이나 각종 방송국을 통해 연행되는 전통 소리 기반의 융합, 한편으로 말하면 명실상부한 협률協律의 분위기가 역설적으로 판소리에 대한 주목과 관심을 불러내는 것과 같다고나 할까.

김민수의 논고를 인용해 공부 자료로 삼는다. 극장에서 전통공연예술이 점차 사라져가던 1915년 3월 판소리 명창들의 주도 하에 전통공연 예술인들의 단체인 경성구파배우조합이 결성됐다. 일제가 시정오년을 기념하기 위해 개최한 조선물산공진회를 통해 본격적인 활동을 시작했던 경성구파배우조합은 물산공진회에서 판소리와 창극을 두루 공연했다. 판소리는 주로 전속 기생들이 공연했던 극장무대와는 달리 명성 있는 대명창들이 연주했고 창극은 이전까지 극장에서 선보였던 작품들을 중심으로 공연했다. 이후 경성구파배우조합은 구극 즉 창극에 신극을 함께 공연함으로써 흥행을 주도하고 이를 계기로 신극단체와 더불어 신구극개량단을 조직하여 공연활동을 전개했다. 하지만 신구극개량단에 의한 배우조합의 활동은 점차 신극에 치중되고 이러한 상황은 경성구파배우조합의 실질적 주인이던 구파배우들이 설 자리를 잃고 단체를 떠나게 하는 요인으로 작용했다. 결국 구파배우들이 떠난 경성구파배우조합은 신극단체만이 남아 활동하다가 마침내 와해됐다.

판소리 창극 만든 무안 사람
—

우리 창극인들이나 고수할 것 없이 제일 호사스러운 때가 언젤꼬? 그
야 물론 원각사 시절이겠지요. 이동백이 묻고 한성준이 답하는 장면이
다. 이동백이 말을 잇는다. 나도 그러이. 이전까지는 천시를 받아온 우
리였지만, 고종의 총애를 받으면서 대우를 받았고, 그때는 소리하고 춤
도 출 만하였지. 순종을 한 대청에 모시고 놀기까지 했으니까. … 한성
준이 받는다. 지금도 잊혀지지 않는군요. 한인호가 두꺼비 재주를 넘
다가 잘못하여 바로 순종의 무릎에 떨어졌을 때, 큰 벌이나 받게 되지
않을까 하고 걱정했는데, 순종께서 도리어 기쁘게 웃으시지 않았습니
까? 그 당시 형님은 순종의 귀여움을 상당히 받았을 거요. 원각사에서
형님이 소리를 할 때면 순종께서 전화통 수화기를 귀에 대시고 듣기까
지 하셨으니까요. 이동백이 다시 받는다. 그랬었지. 그때 창극조로 〈춘
향전〉을 했지만, 그 규모가 지금보다는 훨씬 컸고, 또 소리를 들을 줄
아는 사람이 좀 많지 않았소. 그러니 무대에 오르는 사람도 절로 흥이
날 수밖에 없었지.

1941년 「춘추」 3월호에 실린 이동백과 한성준의 대담이다. 한인호가
두꺼비 재주를 넘다가 순종의 무릎에 떨어졌다는 얘기를 들으면 어떤
장면이 떠오르는가? 연극 〈이爾〉에서 출발한 영화 〈왕의 남자〉, 장생과
공길이 연산군 앞에서 극을 펼치는 장면? 이벽화의 소설을 각색한 영
화 〈패왕별희〉에서 청데이(장국영 분)와 단샬로(장풍의 분)가 경극을 펼
치는 장면? 아마도 연극 〈이〉의 작가 김태웅 씨는 〈연산군일기〉는 물
론 창극의 일면들을 공부했을 것임이 틀림없다. 위 대담에서 '창극조'

7. 창극, 전통인가 혁신인가

라고 말하는 것이 이른바 판소리 창극이다. 창극은 언제 누가 어디서 시작한 것일까?

〈어사와 초동〉이라는 초기 창극이 있다. 1909년 8월 이응일의 투자로 완공한 광주 북문 앞의 극장에서 9월 7일부터 공연됐다. 월북 명인 박동실의 광주 양명사 회고에 의하면 창극 〈춘향전〉 공연에서 가장 활발하게 공연되었던 레퍼토리였던 것 같다. 백두산의 연구에 의하면 이는 1908년 봄 원각사에서 공연한 창극 〈춘향가〉를 모체로 했을 가능성이 높다. 원각사圓覺社는 광화문 새문안교회 부근 야주현夜珠峴(야조개)에 세워졌던 개화기의 사설 극장이다. 1902년 협률사協律社라는 이름으로 설립된 이 극장은 공연과 중단을 반복하다가 1906년 문을 닫는다. 1908년 7월 박정동, 김상천, 이인직 등이 원각사라는 극장으로 리모델링한다. 이때 소속된 명기 명창들이 백칠십여 명(박황의 증언)이었다. 판소리, 민속무용 등을 공연하다가 판소리를 분창하는 형태인 이른바 창극이 시도된다. 1909년 5월에는 전속 창부唱夫, 공인工人들이 일본연극(아마도 가부키일 것이다)을 널리 알리는 연습을 했다. 이보다 앞선 1908년 11월에는 이인직의 〈은세계〉가 신연극이라는 이름으로 공연된다. 이외 〈춘향가〉, 〈심청가〉, 〈수궁가〉, 〈흥보가〉, 〈화용도〉 등도 공연됐다. 신연극과 구연극, 판소리와 창극을 버무리는 그야말로 고급합작이 이루어지던 공간이었음을 알 수 있다.

〈춘향가〉를 분창 형태의 '소리극'으로 꾸민 〈어사와 초동〉은 누가 구상한 것일까? 이 초기 창극에 대한 관심은 100여 년 이상 지속되어 왔다. 협률사와 포장극단 시대를 거쳐 국립창극단은 물론 진도 다시래기 예능보유자 강준섭이 즐겨하는 레퍼토리라는 점이 이를 말해준다. 박황은 〈창극사 연구〉에서 강용환을 구체적으로 거론한다.

강용환은 1900년에 상경하여 서울 동대문에 자리한 광무대협률사에 참가하고 그가 전공한 옥중가 한 바탕으로 장안에 이름을 떨쳤다. 그 당시 서울에는 지금의 청계천 2가에 수표교가 있었고 그 다리 건너에 청나라 사람들의 거리가 있었다. 그 거리에는 '창극관'이 있었으며 이 창극관에서 날마다 창우가 창극(경극을 말함)을 연희하였다. 강용환은 틈만 있으면 이 청국인의 창극관에 살다시피 하였는데 청국의 창희를 모방하여 판소리 춘향가를 창극으로 발전시켰다.

원각사 시절 강용환이 중국의 경극을 모방하여 판소리 춘향가와 심청가를 창극화하고 무대 예술로서 첫발을 내딛게 했다는 것이다. 이 같은 사실을 비교적 명료하게 밝힌 연구는 최근 출간된 『창극의 전통과 새로운 방향』(지우출판, 2021)에 실린 백두산 교수의 「무안 출신 명창 강용환의 생애와 예술 활동 기록의 검토」다. 나도 토론을 맡아 몇 마디 보태긴 했지만 연구의 탁월함을 응원한 정도니 언급할 가치는 없다. 강용환의 사망 시기와 관련들을 조목조목 규명한 대목이 눈에 띈다. 요약하자면 호적이나 족보 등의 자료에 나타나는 강용환 사망 시기 이후의 창극 활동들을 규명했다는 점이다. 즉 1902년 사망설 이후 활동들이 광범위하게 포착되기 때문에 1903년에서 1907년까지의 서울 공연 활동이나 1908년 원각사의 〈춘향전〉, 〈은세계〉, 〈심청전〉 등의 공연에서의 강용환 활동을 증명한 것이다. 이때부터 구성작가-연출가 면모의 자생적 창극 개량 과정이 시도됐다. 동·서편제는 물론 고제 판소리 중에서 인기 대목을 취사선택하고 재담과 잡가 등을 섞어 희극적 장면을 고안하며 '연출'의 역할에 대한 인식이 발생하기 시작했다는 것이다.

김창환이나 이동백, 이인직 등에 비해 강용환은 거의 알려지지 않았

창극 〈목민심서〉 공연 장면. 제공_ 전남도립국악단

지만 학술적으로 규명된 것은 승달우리소리고법보존회(이사장 서장식)가 18여 년 동안 집중적으로 추적한 성과이기도 하다.

창극은 명실상부한 근대극이다. 어찌 보면 자생 근대극의 시원이라고 해도 과언이 아니다. 한 시기 모든 국민들의 사랑을 받았던 창극이 이제는 뮤지컬 오페라, 악극, 소리극 등에 비해 열세를 면치 못한다. 시대의 요청에 부응하라는 뜻일까? 무안의 강용환을 매개 삼아 창극이 발아하고 발전했듯이 이제 또 다른 관점의 음악극을 시도해야 하는 시기를 맞고 있다. 누가 어디서 어떻게 그 역할을 해줄 수 있을까?

강용환의 가계와 역사를 간단하게 살펴본다. 일명 강윤학 3대 국악명가라고 한다. 강윤학은 친척 강백천과 교우하며 남원 운봉 박만순에게 소리를 배운다. 아들 강용환은 정정열, 이동백과 교우했다. 어전

광대(왕 앞에서 판소리하는 이)다. 의친왕에게 장단을 가르쳤다. 우리나라 창극의 창시자로도 불린다. 강용환의 아들 강태홍(1891~1957)은 경주 권번, 달성권번 등에서 제자를 양성했다. 강태홍류 가야금 산조를 창시했다. 부산 지역 제자로 원옥화, 강남원, 박차경, 김춘지(국가 지정 무형문화재), 신명숙(부산시 무형문화재) 등이 있다. 강남중(1900~1972)은 숙부 강용환에게 판소리를 배웠다. 오태석, 송만갑, 정정열 등을 사사했다. 일본에서 창극을 할 때 일본말로 노래를 부르지 않는다 하여 고문을 당해 귀머거리가 되었다는 설이 있다. 백범 김구에게 오현悟峴이라는 호를 받는 등 독립운동에도 관여했다. 이외에도 강준안, 강태종 등 명인이 있다. 아쉽게도 강용환 사진자료 등이 전무하다. 승달우리소리 고법보존회에서 관련 창극 〈명인의 봄〉을 초연한 바 있다. 강윤학 집안의 3대 명인들을 모태로 출발한 것이 무안군립국악원이다.

국악 오페라가 뜬다

원각사에 소속된 명기 명창들이 판소리, 민속 무용 등을 공연하다가 판소리를 분창하는 형태인 이른바 창극이 시도된다. 박황의 『판소리 소사』에 보면, 원각사 설립의 세 가지 설을 소개하고 있다.

첫째, 희대설戱臺說, 둘째, 이토 히로부미의 한국 군인회관 사용설, 셋째, 이인직의 궁내탕금宮內帑金에 의한 건립설이다. 첫 번째의 희대설은 최남선의 『조선상식』에서 비롯된다. 1902년 가을 고종의 어극御極 40년 칭경예식稱慶禮式을 거행하기 위해 세운 연극무대를 건설한 것이 원각사의 전신이라는 것이다. 희대 낙성 후 경축행사를 준비하기 위해

7. 창극, 전통인가 혁신인가

궁내부 관할 아래 협률사를 두고 칭경식을 위한 가무와 연희 연습을 시켰다. 그러나 1902년 가을로 예정되었던 식전이 호열자虎列刺(콜레라)의 유행으로 1903년 봄으로 연기되었다가, 영친왕의 천연두로 인해 그해 가을로 미루고, 가을에는 또 전국적인 흉작인 데다 러시아와 일본이 관계가 험악하게 되어, 예식의 형식만 갖추고 희대는 협률사 일파의 흥행 연예장이 되고 말았다.

두 번째 설은, 이토가 한국 군대를 해산시킬 목적으로 군인회관이었던 건물을 국립극장으로 사용할 것을 발의 채택함으로써 원각사가 탄생했다는 설이다. 세 번째 설은 일본에서 연극을 연구하던 이인직이 기용되어 극장을 운영하게 된 데서 생긴 설이다. 나뿐만 아니라 많은 연구자가 첫 번째 설에 무게를 두고 있는 듯하다.

창극의 뿌리를 판소리라고 한다. 그런데 유영대 교수에 의하면, 창극이 발아한 1900년 초에는 '신연극'이라 했다. 신연극이 판소리라는 뜻일까? 새로 개발한 연극이라는 뉘앙스다. 신파극이 공연되기 시작한 1910년대에는 '구파극'이라 했다. 생긴 지 10여 년도 지나지 않아 구태의연한 연극으로 치부되었음을 알 수 있다. 1920년대 혹은 1930년대에 이르러서야 비로소 '창극'이라는 이름을 쓰기 시작한다(유영대, 「창극의 역사적 전개와 우리시대의 창극」, 『창극의 전통과 새로운 방향』, 서장식 외, 2021, 지우출판). 주목할 것은 '판소리' 자체를 지칭할 때도 '창극'이라 했다는 점이다. 한 사람의 창자가 한 사람의 고수를 대동하고 연창하는 장르가 판소리이긴 하지만 이미 그 안에 연극이라는 공연예술적 특성이 들어있기 때문이었을 것이다. 그렇다면 내재하고 있는 극적 특성을 판소리에서 꺼내어 실제의 극으로 만든 것을 창극이라 하는가? 이 창극은 판소리와 어떤 구별이 있으며 혹은 어떤 위상을 가지고 있는가? 인접 장르들과의 교섭이나 버무림은 없었는가? 전통극인가 근대극인가의 논쟁에서 얼마나 진전된 이론들이 제기되었는가? 창극의 성격이 그러해서인지 모르겠지만 물음에 물음이 꼬리를 문다. 여하튼 민족예술의 한 형태로들 이해하거나 평가한다는 점은 분명해 보인다.

판소리와 창극의 다른 점은 무엇인가. 정충권은 「판소리와 창극의 양식적 차이점 고찰」(『고전문학과 교육』 8, 2004)에서 이렇게 정리했다.

> 판소리는 일인창으로 불리지만 창극은 다인극으로 공연된다. 판소리 텍스트는 아니리와 창 교체의 서술 구조를 지니지만 창극 텍스트는 인물의 대사와 사건 전개상 필요한 도창이라는 서술 구조를 지닌다. 판소리에서는 작품 세계의 환기가 청중의 청각을 통해 간접적으로 이루어지는 반면 창극에서는 관객의 시각을 통해 직접적으로 이루어진다. 초기 창극은 이 특성들을 잇는 중간에 위치하면서 후대의 창극이 양식적 정체성을 확보해 나가는데 중요한 역할을 하였다.

1960년대 들어서 국립창극단이 생기면서 제도적인 보호정책이 실시됐다. 1962년 문화재보호법이 생기고 1964년부터 국가문화재가 지정되기 시작한 맥락과 궤적을 같이 한다.

초기 창극은 명실상부한 근대극으로 출발했다. 어찌 보면 자생 근대극의 시원이라고 해도 과언이 아닐 것이다. 한국 근대 연극 연구의 가장 대표적인 연구 성과들이라 할 수 있는 김재철의 『조선연극사』(1933)에서 이두현의 『한국신극사연구』(1966), 장한기의 『한국연극사』(1986)에 이르기까지 한국 근대 연극의 발생 과정을 다음과 같이 기술하고 있다 (김종진, 「한중 근대연극 발생과정 비교 연구」, 『중국어문논총』 제31집, 2006).

근대적 극장 설립(협률사, 원각사) → 구파극(창극, 신연극)
→ 신파극(혁신단, 예성좌 등) → 신극(토월회 등)

연극을 중심으로 해석한 것이긴 하지만, 창극은 전통극이라기보다는 근대극으로 이해하는 것이 옳다고 본다. 판소리를 중심으로 놓고 보면 초기 창극은 판소리를 분창하는 형태에서 고유의 음악 양식을 병합시킨 종합극으로 발전했다. 판소리를 연극화한 창극은 1900년대에서 1920년까지를 형성기로 본다. 일제강점기가 창극의 최고 전성기다. 근대극이긴 하지만 일본에 의한 문화말살정책 속에서 우리 고유의 음악문법을 계승 발전시켰다고나 할까. 하지만 초기의 레퍼토리들을 보면 반드시 판소리에 국한시킨 것이 아니다. 어쨌든 발생과 변화들을 거치며 중흥하기도 하고 쇠락하기도 하다가 한국전쟁이 끝나고 1960년대 급격한 쇠퇴기에 접어든다. 서양음악 등의 범람이 큰 요인이었을 것이다. 이후 국립창극단을 통해 오늘날까지 명맥을 유지하고 있다.

이상을 간략하게 정리해보면, 왕극협회 협률사의 해체는 신파극이나 영화관 등으로 이행하는 시대적 조류 속에서 구파극이라는 용어를 낳게 하고 구파조합 등의 결성을 가져왔다. 이후 남도 지역을 중심으로 지방으로 순회 공연하는 패턴으로 이어졌다. 김창환협률사와 송만갑협률사가 대표적이다. 오늘날 창극은 사실상 이 두 단체에게 의지하는 바 크다고 할 수 있다. 그 중심에 1930년대 조선성악연구회가 있다. 1934년 5월에 결성된 조선성악연구회가 처음으로 창극을 무대화한 것은 2년 후인 1936년 2월, 희창극 〈배비장전〉이었다. 이 2년 사이에 조선성악연구회 주축 명창들인 이동백, 김창룡, 정정렬 등이 시에론, 콜롬비아, 폴리돌레코드에서 제작하는 창극을 녹음했다. 김향은 이

음반들이 오늘날 창극 형태를 갖추는 데 적지 않은 영향을 끼쳤다고 평가했다(「1930년대 조선성악연구회의 창극적 상상력과 식민성」, 『공연문화연구』 제39집, 2019).

짚고 넘어갈 문제는 이서구가 조선성악연구회에 가입했을 때, 경서도 소리와 민요를 퇴폐를 조장하는 저속하고 야비한 음악이라 보고 이에 대한 정화가 필요하다고 강조한 부분 등이다. 김향은 이렇게 지적한다.

> 이서구가 전통음악의 정화를 경서도 소리 및 민요를 배제하고 판소리 고유성만을 부각시키는 것으로 구현하려 했기 때문이다. 음반계에서 '창극'이라는 용어가 '극' 음악을 포괄하던 것에서 판소리 극음악으로 축소되었다는 것은 전통음악의 고유성을 판소리에 국한시키려는 이서구 등의 의도적인 기획이 작용한 결과라 여겨진다. 다시 말해 당시 이서구 등은 시대적으로 요구되는 '조선의 전통음악'을 다른 전통음악들은 배제한 판소리만으로 구분하였으며 이로 인해 '창극'에 대한 개념을 축소하고 이것만이 '조선적 고유성'을 지닌 것으로 만들어 내려 했던 것이다.

문제는 판소리 중심으로 유도했던 '정화 정책'의 배경에 있다. 다시 김향의 논의를 빌린다.

> 조선성악연구회의 전신이었던 조선음률협회는 1930년 당시 음반 기획자인 이기세의 적극적인 도움으로 만들어졌고 조선음률협회가 추구했던 것은 '정화운동'이었다. 그 '정화'라는 것은 "종래 이와 같은 연예회에서만 볼 수 있는 재담, 발림, 안일이 등은 절대로 금지"하여 "정숙하

고 규율 있는 연출"을 하는 것이었다. 우선 될 수 있는 대로 출연자의 수효를 줄이고 사이사이 끼이는 여흥물 같은 것도 일절 그만두기로 하고 난삽한 발림, 음탕한 아니리도 전부 금지한 공연 형태였다. 이러한 정화운동은 조선의 전통 민족문화를 회복하는 것이라기보다는 계몽적, 사회교육을 목적으로 하는 것이었으며 이 사회교육은 일제의 식민통치가 작동하는 정신 교화의 한 방편이었다.

이 강박증적 운동은 수준 높은 '가극'을 추구하는 것으로 이어지고 1940년대 들어서는 아예 일본어 창극을 종용하는 것으로 이어지게 된다. 김향은 또 이렇게 말한다.

> 일제의 문화정책은 조선성악연구회의 창극적 상상력을 심화한 독창성 있는 창극 형성의 걸림돌이자 한계로 작용했다고 볼 수 있다. 하지만 조선성악연구회는 '정화'와 '배제'에 맞서기보다 '판소리만이라도' 온전히 전승되기를 바라는 차선책을 택해 창극 장르를 만들어온 것으로 여겨진다.

판소리 외의 민족음악을 제외시킨 '정제'와 '배제'에 대해 적극적으로 저항하지 못한 한계를 지적하지 않을 수 없는 것이다. 이것이 창극 장르의 태생적인 한계인 바 시대적인 흐름 속에서 완전히 이 식민의식을 떨쳐버렸는지에 대해서도 의문을 제기하고 있다.
여성국극에 대한 시선도 여기서 크게 벗어나지 않는다. 손태도는 여성국극을 "창극사에 길이 씻을 수 없는 오점", "속죄할 수 없는 죄과"라고 비판했던 박황의 평가를 인용하면서, 여성국극이 "판소리의 음악

여성국극 포스터. 제공_ 강신구

적 성과를 계승하여 더욱 발전시키는 근대적 공연물이 되어가기는커녕 판소리의 음악을 버려가며 대중적 오락물로" 소비되었다고 비판했다. 1950년대를 풍미했던 여성국극이야말로 당대를 "창극 부재의 시대"로 이끈 장본인이라는 지적이다(「한국창극사를 통해서 본 해방공간 창극 연구」, 『국문학연구』 31, 2015). 여성국극은 짧은 전성기를 구가하다가 1950년대 말 서서히 쇠퇴해갔다. 국악의 전반적 쇠퇴와 함께 몰락해 갔던 것이다. 이 시기 창극인들과 신분적 구별을 강조하던 이왕직 아악부의 악사들과 1950년 국립국악원 직제의 공포, 1956년 국악재건대책위원회의 성경린, 이혜구, 장사훈 등에 대해서, 그리고 여성국극이 무형문화재는커녕 판소리와는 다르게 비판의 대상이 되었는지에 대해서는, 정수진의 글(「여성국극은 어찌 무형문화재에서 배제되었는가」, 『실천민속학연구』 제33호, 2019)을 참고하기 바란다. 이 중 정수진의 일부 문제 제기를 옮겨둔다.

문제는 바로 이러한 권위적 언설들을 통해 고착된 민속예술 개념이 일제강점기 조선예술에 부여되었던 지배담론을 재활성화한다는 점이다. 조선의 '고대'와 '현대' 문화를 '숭고'와 '속악'으로 구분하고, '숭고한 고대문화'에 대한 지적 권위를 독점한 채 일반의 접근을 통제했던 식민주의적 이분법, 이 이분법이 명확하고도 객관적인 기준을 근거로 성립

한 것이 아닌 것처럼, 여성국극과 민속예술을 구분하는 기준 역시 당대의 사회적, 문화적 맥락과 괴리된 채 여성국극을 타자화하는 방식으로 공고화되었다는 것이 문제다. 조선예술에 대한 이분법적 담론이 식민주의의 지배 논리로부터 자유롭지 않았듯이, 여성국극의 평가와 자리매김 또한 1960년대 무형문화재 제도를 둘러싼 정치적 논리나 문화 권력의 수사학과 깊이 연루되었던 까닭이다.

이상 초기 창극의 발생과 전개에 대한 일면을 간략하게 정리해 보았다. 창극의 진행 과정에서 초기 창극이 가지고 있던 다양한 레퍼토리와 신연극으로의 실험들은 점차 판소리 중심으로 고정됐다. 하지만 여성국극을 포함해 평생 유랑극단에 몸담았던 다시래기 명인 강준섭의 소장 극본들을 보면 창극 혹은 소리극의 형태가 판소리에 고정된 틀거리가 아니었음을 알 수 있다. 유랑극단을 협률사의 분파 혹은 적어도 아류로 인정하지 않는다면 문제가 달라지겠지만, 지방 순회의 맥락으로 보면 협률사를 승계한 것 중 유랑극단 이른바 포장극단의 역사를 포괄하지 않을 수 있겠는가. 만약 그렇다면 창극의 절반을 놓치는 격이지 않을까?

한 시기 모든 국민들의 사랑을 받았던 창극이 이제는 뮤지컬 오페라, 악극, 소리극 등에 비해 열세를 면치 못한다. 시대의 요청에 부응하라는 뜻일까? 무안의 강용환을 매개 삼아 창극이 발아하고 발전했듯이 이제 또 다른 관점의 음악극이 시도되어야 하는 시기를 맞고 있다. 문제는 전통이라는 양식을 바라보는 시선과 해석의 편협성이다. 예컨대 오늘날 BTS가 세계음악사에 우뚝 서 있게 된 내력과 배경에 대한 시선 같은 것이다. 이를 서양음악에 기반한 것으로만 해석할 수는 없기 때문이다. 드라마 〈오징어 게임〉이 파장을 일으키며 세계문화사 속에 스며드는 맥락도 크게 다르지 않다고 본다. 110여 년에 지나지 않은 근대극으로서의 창극을 바라보는 시선도 마찬가지 아닐까. 전통으로서 보호하는 것은 철저하게 하되, 나머지 것들은 제약 없이 발전할 수 있도록 장려하는 것이 옳다. 1930년대 조선성악연구회를 거치며 창극이 판소리로 고정되기는 했지만, 본래 구성하였던 무악, 민요, 춤, 농악 등 민족예술 전반에 그 문을 여는 것, 그것이 창극의 초기 발생 형태에도 부합하며, 문자 그대로 '협률'의 정신을 살리는 것일 수도 있지 않겠는가. 판소리 〈범 내려온다〉를 BTS가 편곡해서 부르고, 창극이 〈오징어 게임〉처럼 영화로, 뮤지컬로, 아니면 획기적인 새로운 장르로 재구성되는 꿈을 꾸는 것처럼 말이다.

7. 창극, 전통인가 혁신인가

8

공동체의 울림을
담은 소리, 농악

농악은 한 지역에서 생성되어 지속적으로 전승되어 온 것일까? 그렇지 않다. 지역간 교섭과 혼종을 통해 나뉘고 합하는 복잡한 과정을 거친다. 본래 농악은 지금 우리가 알고 있는 형태가 아니다. 상모를 돌리고 오방색 유니폼을 입으며 사물악기들을 울리는 방식은 근대기에 재구성된 것이다. 농악은 정읍의 신흥종교 보천교를 겪으면서 급속하게 연예 장르화되었고 근대기에 접어들어 발 빠르게 연예농악으로 성장했다.

호남 우도농악의 전승

호남 우도농악이라면 영광 우도농악과 광주 광산농악 혹은 진도 걸군농악이 떠오른다. 주지하듯이 농악에는 경기농악, 호남농악, 영남농악, 영동농악의 분류가 있다. 이보형과 정병호가 정리한 『필봉농악』(문화재관리국, 1980)을 보면, 경기농악은 경기 영서농악과 충청농악으로, 호남농악은 좌도농악과 우도농악으로, 영남농악은 경남농악, 경북농악 등으로 세분된다. 정병호, 이보형 외 여러 사람이 참여한 『한국민속종합조사보고서: 농악, 풍어제, 민요편』(13권, 문화재관리국, 1982)에 의하면, 호남 우도농악은 전라도 서부 지역에서 전승되는 농악을 가리킨다. 지역 범위는 전북 익산, 옥구, 군산, 김제, 정읍, 부안, 고창과 전남 영광, 장성, 광주, 나주, 함평, 무안, 장흥, 해남, 영암, 강진, 진도, 완도 등을 포괄한다.

양옥경은 호남 북서부 지역에 해당하는 정읍, 익산, 부안 등과 중서부 해안 지역에 해당하는 고창, 영광 등에서는 일찍부터 전문 걸립패에 의한 걸립굿 공연이 성행했음을 지적하고 있다. 일찍이 보천교의 영향을 강하게 받은 정읍을 중심으로 김제, 익산, 부안, 고창 등의 지역은 해방 이전 시기에 '정읍농악단'이란 전문 걸립패가 등장하고, 지역출신의 우도농악인들 대부분이 이 단체 활동을 경험하면서 호남 우도농악의 전승 및 변화에 큰 영향을 끼쳤던 것으로 보인다는 것. 현재의호남 우도농악은 판굿을 위주로 정읍, 익산, 김제, 부안, 고창, 영광, 광주 광산, 진도 걸군농악 등 무형문화재로 보존 전승되고 있다. 1967년문화재관리국에 의해 채록된 우도농악 판굿 음원자료는 그 실체를 접할 수 있는 가장 오래된 자료다.

교섭과 혼종, 농악의 재구성

농악은 한 지역에서 생성되어 지속적으로 전승되어 온 것일까? 그렇지 않다. 지역간 교섭과 혼종을 통해 나뉘고 합하는 복잡한 과정을 거친다. 이런 맥락을 잘 정리해둔 박혜영의 글을 인용한다. 1990년 10월 25일 제31회 전국민속예술경연대회에서 광산농악을 소개한 내용이다. "광주시 광산 일대에서 전래되어온 우도농악. 정월 대보름에 집집마다 돌면서 마을의 안녕과 풍요를 기원하기 위해 자생한 일종의 마을굿 놀이로써 걸궁굿 풍장굿 판굿 등을 벌임".

과연 그럴까? 실제로는 광주시 광산구 소촌동 주민들이 꾸린 농악단과 영광의 단골 출신 전경석과 연합하여 일군 '우도농악'이었다. 함평 월야면 용월리가 고향인 정득채는 전경환과 전경석을 만난 인연으로 우도농악 판굿을 익히고 경연대회에 출전하게 된다. 마륵농악의 상쇠 전경석이 사망하자 부쇠를 맡던 정득채가 그의 뒤를 이어 농악단을 이끌었다. 당시 농악단에 김종회, 김회열, 김동언, 서창순 등 전경환과 친분이 깊은 예인들이 합류했다. 거주 지역이 제각각이었지만 전경환과 심석궁의 인맥을 잇는 이들 사십여 명이 모여 단체를 꾸린 것. 경연대회 출전 자격을 얻기 위해 거주지를 옮기는 일도 빈번했다.

광산농악의 전신은 '마륵농악'이다. 전국민속예술경연대회에 출전하면서 정득채(함평 월야출신)의 주도로 개명한 것이다. 이 마륵농악단에는 소촌농악 단원들도 포함돼 있었다. 1988년 '소촌농악'이라는 이름으로 전국민속예술경연대회에 출전했다가 이듬해 '마륵농악'으로 대회에 참가한다. 대회 출전 자금 등 내부적인 문제들로 갈등이 커지면서 각 단체가 분열돼 독립적으로 운영됐다. 소촌농악단은 송정 우도농악단으로 명칭을 바꾼다. 이는 마륵농악단이 활동 무대를 넓히기 위해 '광산구'를 통칭하는 이름으로 바꾼 것과 유사하다. 지역명을 딴 농악단 이름은 농악단의 유래와 전통, 활동 반경을 좌우했다. 농악단의 이름 짓기는 일종의 활동 전략에 해당했던 셈. 박혜영이 정리한 바로는, 광산농악은 영광 우도농악, 송정 우도농악(소촌농악), 함평 월야농악이 습합해 구성된 것이고, 각기 마륵농악이라는 이름을 사용하다가 후에 광산농악으로 정착됐다(「광산농악의 성립에 따른 잡색놀이의 전승과 혼종화 과정」, 『남도민속연구』 제31집).

지역뿐만이 아니라 장르간에도 교섭 혹은 분리가 있었다. 예컨대 두레 풍장은 농악의 범주로 넣어야 할까 말아야 할까. 사실 큰 범주로서의 농악은 섣달 그믐날의 매굿, 정월의 마당밟이, 걸궁, 김매기철의 두레굿, 백중날 호미씻이 등이 포함된다는 것. 사례가 있다. 무안읍 이계

1970년 초 전남 진도에서 남도 들노래를 시연하고 있다.
촬영_ 이토 아비토

선의 제보에 따르면, 부잣집 논을 매거나 모내기를 할 때는 20~30여 명씩 농악단을 꾸렸다. 이들이 농악 연주를 하고 노래도 불렀다. 마을에서는 여러 사람이 부르는 들노래의 후렴

소리를 듣고 일이 언제 끝나는지 알았을 정도였다. 농악은 정월 마당밟이뿐 아니라 농사일에도 함께했던 것이다.

모심을 때는 못방구라 하여 북을 양손으로 치는 북놀이를 했다. 현재 진도 지역에서 추는 북놀이 형태다. 진도 지역 들노래에도 논에 들어가서 쌍북을 치는 못방구가 있다. 여기서의 방구는 반고, 벅구 등의 이름으로 지역에 따라 다양하게 불리는 중형 크기의 북이나 연행 장르를 말한다. 도쿄대 이토 아비토 교수가 1970년 초에 찍은 사진을 보면 진도 지역에서도 여럿이 반고를 들고 모내기 풍장놀이를 하는 것을 볼 수 있다. 두레패의 농악도 마당밟이와 비슷하게 농기, 영기, 꽹과리, 징, 북, 장고 등의 편성을 갖는다. 농기農旗는 긴 대나무에 꿩장목 깃을 달고 깃발이 너덜너덜 달린 큰 기폭을 달았다. 농기는 용기龍旗라고도 하는데, 민화民畵의 양태와 많이 닮아 있다. '신농유업', '농자천하지대본' 등의 글자를 쓰기도 한다. 농군들이 김매기 하러 논에 들어갈 때 치는 굿을 두레풍장굿이라 한다. 처음 논에 들어갈 때는 들풍장이라 한다. 김을 맬 때도 풍장을 치고, 김매기를 마칠 때는 날풍장이라 하

8. 공동체의 울림을 담은 소리, 농악

여 농악놀이를 한다. 참고로 김매기가 끝나는 하루 날을 잡아 농군들이 음식을 푸짐하게 장만하여 나누어 먹으며 당산에서 농악을 치고 노는데 이 놀이를 지역에 따라 '백중놀이', '술멕이', '호미걸이'라 한다.

나는 호남 우도농악에 속하는 무안읍 양림마을의 잡색 복식을 주목하고 있다. 대개 농악단 잡색으로서의 양반 캐릭터는 게으른 논주인 정도의 설정이다. 하지만 양림마을의 잡색 양반은 한편으로 '살보'를 들었다. 일반적으로는 살포라고 한다. 『한국민족문화대백과사전』은 살보를 이렇게 설명한다.

> 지역에 따라 살포갱이(경남 영산), 살피(경북), 논물광이(강원), 살보(전남), 삽가래(전남 보성), 손가래(경북), 살보가래(전남 강진) 등으로 불린다. 손바닥만 한 날에 비하여 자루는 길어서 2미터에 이르는 것도 있다. 남부 지방에서는 대나무를 자루로 박아 쓰는 일이 많다. 날의 형태는 네모난 날 끝을 위로 두 번 구부리고 괴통을 단 것, 깻잎 모양으로 앞이 뾰족하고 끝이 위로 두 번 구부려져서 괴통이 달린 것(이를 오리살포라 한다), 말굽쇠형 따비처럼 직사각형의 몸채에 말굽쇠형의 날을 끼운 것, 괭이의 날처럼 위로 한번 구부리고 괴통을 단 것 등 매우 다양하다.

이상하게 생긴 이 도구를 어디에 쓰는가? 논의 물꼬를 트거나 막을 때 쓰는 농기구 중의 하나다. 논에 나갈 때 지팡이 대신 짚고 다니기도 한다. 그것뿐일까? 용기 혹은 농기로 호명되는 농악단의 깃발을 보면 염제 신농씨가 들고 있는 살보가 보인다. 주지하듯이 염제 신농씨는 신화 시대의 상제上帝 즉 하느님이다. 농업과 의약을 최초로 재배하

강진 용소 농기에 그려진 살보를 든 신농씨.

고 발명한 신이기도 하다. 강진 용소마을의 농기를 보면 염제 신농씨가 용을 타고 살보를 든 형상이 그려져 있다. 거북이와 물고기 등을 포함해 다양한 민화적 해석은 차후 지면을 기약한다. 신농씨가 들고 있는 살보는 수도작水稻作의 키워드라고나 할까. 농업의 코어 코드라고나 할까. 농사의 신이 들고 있는 핵심적인 농사 도구라는 점에서 의미심장하다.

그런데 무안 우도농악에서는 담뱃대나 들고 거드렁거릴 주제의 잡색 양반이 왜 살보를 들고 다니는 것일까? 무안 우도농악이 바로 두레풍장 농악과 밀접한 관련이 있다는 뜻이다. 이보형에 의하면 이 두레농악 또한 당산제 등의 의례음악에서 파생된 것이라고 할 수 있다. 예컨대 농악대는 농신을 받아 들에 나가 한 바퀴 돌고 마을마당에서 농신제를 지내기도 하고 농사풀이라는 농사짓는 모양새를 꾸미기도 한다. 이러한 농신제나 김매기 할 때의 풍농제 농악을 두레굿이라 한다. 진행 형식이 당산제와 같으므로 종교적인 농악이 두레농악으로 발전되었음을 알 수 있다. 향후 여러 용례를 통해 살펴보겠지만 무안읍 양림마을의 농악은 정월 당산제와 김매기 두레 풍장이 마치 하나의 시스템으로 연결되어 있는 구성을 취하고 있다. 살보는 지배층의 무덤에서 출토되는 사례가 많으며 임금이 하사하기도 했다. 나는 이를 두레 풍장과 관련하여 주목하고 있다. 장차 좌도농악과 우도농악의 편의주의적 구분법에 대해서도 이의를 제기할 요량이지만 마당밟이와 두레풍장을 변별하여 논의해왔던 저간의 관행에도 문제 제기를 할 때가 됐다. 그렇다. 살보를 든 농악의 잡색 양반이 농기 민화로 들어갔거나 농기의 신농씨가 농악의 잡색 양반으로 뛰쳐나왔거나, 남도의 두레풍장과 농악은 하나의 시스템이다.

본래 농악은 지금 우리가 알고 있는 형태가 아니다. 상모를 돌리고 오방색 유니폼을 입으며 사물악기들을 울리는 방식은 근대기에 재구성된 것이다. 만약 그렇지 않다면 민간의 풍속을 다양하게 포착했던 단원 김홍도나 신윤복의 그림에 왜 현재 형태의 농악이 단 한 번도 그려지지 않았을까. 이상하지 않은가? 농악은 정읍의 신흥종교 보천교를 겪으면서 급속하게 연예 장르화되었고 근대기에 접어들어 발 빠르게 연예농악으로 성장했다.

양옥경은 우도 지역 농악의 전문 연예화 과정을 크게 네 가지로 정리한다. 첫째, 근대의 출발로부터 해방 직전까지는 우도 지역 농악 역사에서 연예농악 형태의 농악 공연문화 형성 시기다. 군악 성격을 강조한 내용과 공연 논리로 구성한 공연이 주를 이루었다. 둘째, 해방 이후부터 1960년대 직전까지는 농악사에서 연예농악의 양식화 및 정형화의 출발 시기다. 가장 상징적인 문화 사건은 농악경연대회의 출현이다. 셋째, 1960~1980년의 시간대는 초기 문화산업형 농악 공연 양식의 출현과 이와 관련된 향유 문화가 형성된 시기다. 여성농악단의 흥망성쇠, 남성농악단의 쇠락, 산업근대화의 침투로 인한 전반적인 민속예술 양식의 추락이 있었다. 넷째, 1980년대 중반 이후부터 2000년대 직전까지는 무형문화재 제도와 지역 중심주의에 영향 받아 지자체 기준으로 범주화 및 고착화되는 경향을 낳았다. 1980년 이전까지만 해도 우도농악이라는 포괄적 이름으로 불렸던 농악이 문화재 제도의 직접적 영향권에 들면서 김제농악, 정읍농악 등 지자체 행정 단위를 거점으로 삼게 되었다. 그 주요 원인의 하나가 무형문화재 제도다. 판소리의 동편제 서편제의 구분법도 그렇지만 좌도농악 우도농악 등으로 나누는 구분법도 조만간 다시 정리해볼 생각이다.

양림마을 당산제에서 성남리 마당밟이까지

—

무안읍 매곡리는 무안읍 명산으로 알려진 보평산과 감방산 아래 경신들을 배산임수 삼아 위치한 다섯 개의 마을이다. 현 무안읍에서 북쪽으로 약 3킬로미터 떨어져 있다. 죽헌정을 중심으로 양림마을, 수반마을, 도산마을, 발산마을, 신촌마을이 띠를 이루며 경산들을 에워싸고 있다. 이를 도산부터 1구로 나누는데 양림마을은 4구에 해당한다. 마을의 입구에 해당하는 남서향으로 동산과 개미산이 위치한다. 일종의 조산과 같은 역할을 한다. 동산과 개매산이 초분골, 도깨비골이었다고 하는 것을 보아 마을 입향 시기로 거슬러 올라가면 우실 기능을 했을 것으로 추정된다. 조선시대 초까지만 해도 경신들은 바다였고 목포 하구언을 막기 전까지도 바닷물이 들어왔다. 무안읍의 평지 전반이 바다였다고 해도 과언이 아니다. 이 들녘에서 옛날 배들이 정박했던 흔적들, 예컨대 개펄의 나뭇조각 등이 나왔다고 한다. 이후 경신들로 바뀌어 농사를 짓게 되었는데 김매기를 모두 손으로 한다. 자갈 지역에서 호미로 김매기를 하는 것과 대조된다. 중심 마을은 수반마을

이고 그 다음이 양림마을이다. 매곡리 전체는 250여 호 정도, 수반마을만 100여 호 안팎이다. 근대기 무안북초등학교가 있던 마을이므로 그 위상을 짐작해볼 수 있다.

보평산 정상에는 조선시대 때 만들어졌다고 알려진 봉수대가 있다. 가뭄이 들 때는 여성 전유의 반란 기우제굿이 행해진 곳이기도 하다. 명산대천을 보호하는 이 굿에 대해서는 향후 보다 정밀한 조사를 해볼 필요가 있다. 보평산과 감방산 사이에 있는 능성에는 용굴샘이 있어 명산 보평산의 풍수 스토리를 완성해준다. 이 물이 마르거나 마르지 않거나를 가지고 한 해의 기후와 운수를 점쳤기 때문이다. 보평산과 용굴샘은 명산이기 때문에 묘를 쓰지 못했다. 누군가 몰래 묘를 쓰는 일이 발생하면 이 샘의 물이 말라버린다고 한다. 가뭄이 들면 여성들이 모두 올라가 묘를 파버린다. 그러면 이 용굴샘에서 다시 물이 나온다고 한다.

이계선의 증언을 더 보태본다. 보평산 자체에는 당산이 없고 용굴샘에서 기우제를 지냈다. 무안읍에서는 보평산이 명산이라고 했으며 산에 묘를 쓰지 못하게 했다. 전설에 의하면 묘를 쓰면 가뭄이 들었다. 바로 옆 작은 산에 용굴이라는 샘이 있으며 평소에는 물이 고여 있으나 산에 묘를 쓰면 물이 말랐다고 한다. 가뭄이 들면 여자들이 몰래 쓴 묘를 찾아다녔다. 남자들은 싸움이 날 수도 있기 때문인지 여인들이 호미, 삽 등을 들고 가서 묘를 찾아 파헤쳐 버렸다. 이를 도깨비굿이라 한다. 마을의 동쪽 도깨비터는 마을 앞 낮은 산으로 개미산으로 불렸다. 가매지석(개미산, 하마석과 같은 역할)이 있는 곳에 도깨비불이 나왔다. 그 옆으로는 상엿집이 있었으며 수반, 양림 공동 상엿집이었다.

한가위 때 열 사흗날은 만남의 장이 이루어진 곳이기도 하다. 여성

무안읍 상동 들노래 추수 장면. 뒤편에서 무안농악팀이 반주를 하고 있다.

들 특히 처녀 총각들이 이 산에 올라가 만나서 놀았다. 예컨대 함평으로 시집간 사람이 오거나 매곡마을에서 올라가는 등 무안 함평 접경 지답게 사방에서 청춘 남녀들, 시집간 여성들이 모여 놀았던 장소다. 중로보기(양 마을의 중간에서 만난다는 뜻) 풍속 중의 하나인데, 이를 특별하게 부르는 이름은 없고 단순히 만남의 장소라고 했던 듯하다.

　무안에서 농악을 왕성하게 했던 곳은 무안읍 양림, 수반, 용월리 상동, 후천동, 성내리 등이다. 무안의 농악이 마당밟이와 무속의례, 풍장굿 등이 혼합된 종합의례라는 점을 주목해야 한다. 양림마을을 보기 전에 일반적인 경향을 참고할 필요가 있다. 대개 농악을 구분할 때 당제농악, 지신밟기, 걸립굿, 판굿으로 나누는데 이러한 농악을 행하기 앞서 당산에 올라가 신을 받아 가무하면서 마을로 내려와 마을 액을 쫓고 복을 부르는 굿을 치면서 집집을 순방하던 것에서 발생했다고 한다(이보형, 정병호, 「농악」, 『한국민속종합조사보고서』 13, 1982).

당굿을 농악으로 할 때는 마을 사람들이 서낭대(농기나 영기로 대신하는 경우가 많다)를 들고 농악을 치면서 당으로 간다. 이때 굿패의 편성은 서낭대, 꽹과리, 징, 장구, 북, 소고, 잡색, 제관, 동민 순으로 되는 경우가 많다. 당에서는 당산굿을 치는 바 흔히 일렬 횡대로 늘어서서 인사를 한다. 당굿을 마치고 서낭이 내린 서낭대(농기, 영기, 탈 등)를 앞세우고 굿을 치며 마을을 돈다. 굿패가 서낭대를 앞세우고 굿을 치며 마을에 들어오면 마을 사람들이 서낭대에 헝겊과 돈과 쌀을 달아준다. 이 집돌이가 집안의 고사굿 형태로 발전해 뜰밟기, 마당밟기, 지신밟기 등으로 부른다(오승희, 「호남 우도농악에 관한 고찰-법고춤을 중심으로」, 1983).

무안읍 성남리의 일명 후청동 농악. 성남리는 이계선이 매곡리에서 이주해 온 마을이다. 무안읍 성남리에서는 하마석과 장승이 있었는데 그곳에서 굿을 치고 들어온다. 지금은 평지가 됐지만 본래 당산신의 무덤이라 해서 둥그렇게 봉분이 있었다. 큰 당의 봉분은 마주 보는 위치에서 왼편 길거리 편으로 가장 크게 만들고 작은 당은 오른편 건물 쪽인데 좀 더 작은 봉분으로 만들었다. 봉분 위에 올려놓은 네모난 큰 돌은 제사상을 겸했다. 당산에 모시는 음식은 모두 생것으로 바쳤다. 이를 혈식이라고 한다. 익힌 음식을 바치지 않았다는 뜻이다. 제를 모시고 축문을 고한 다음 축문 종이로 제상의 음식을 고루고루 싸서 네모난 돌을 들고 그 밑에 묻는다. 절을 세 번 하는 것, 가락을 치는 것은 매산마을과 동일하다. 따라서 이계선의 증언대로라면 매산마을의 농악이 무안읍 당산농악과 같다고 봐야 한다.

성남리의 장승은 대추나무였다. 천하대장군, 지하여장군 두 개였다. 또 돌로 만든 장승도 있었다. 시기는 정확히 알 수 없지만 도로가 나면서 장승이 파손됐다. 마을 사람들이 중요하게 생각하지 않았던 것 같다. 그 후 뜻있는 마을 사람들이 현재의 군청 앞 파출소에 세웠다가 남산 충원탑 올라가는 입구에 다시 세웠다. 언제인가는 알 수 없는데 이 석장승을 도난당했다. 대추나무 장승은 도로일 하던 업자들이 팔아버렸다고 했다. 들리는 말로는 이 대추나무 장승이 서울 미국문화원 정원에 세워져 있다고 한다. 아쉬운 것은 당시 280여 년 된 마을 통계책(회계 사항 등을 적은 문서)이 있었는데 찾지 못하고 있다는 점이다. 이계선이 이장할 때 챙겨두었으므로 어딘가에 있을 것이라 했다.

무안국악협회가 활성화됐을 때 영광국악협회와 자매결연을 해 최소한 달에 한번은 만나 교류했다. 이 교류는 이계선이 무안국악협회 사무장을 할 때까지 이어졌다. 이계선의 주장에 의하면 무안농악과 영광농악이 똑같다. 전경환, 정경석 등이 모두 그때 교류했던 분들이다. 전경환이 상쇠할 때 이계선이 종쇠를 했다. 예를 들어 광주시민의 날에 초청되어 가면 영광국악협회팀과 무안국악협회팀이 한 팀이 되어 공연을 했다. 영광 우도농악을 구성한 후 1985년 경에는 무안 운남 출신 김창근이 설장구를 맡고 일로 출신 서대석이 설북을 맡았으며 박기동이 징을 맡았다. 이계선은 1970년도 후반 엄다면 당골 출신 천학식에게 소리를 배우기도 했다.

1985년 이후 국악협회가 설립되면서 김창근, 서대석, 박기동이 회원이 됐다. 김창근이 상쇠를 했고 이계선은 종쇠를 했다. 영광 우도농악이 문화재 지정을 받을 때 서대석이 참여해 설북 문화재가 됐다. 이후

우도농악의 하나인 광주 광산농악 발표회.

김오채가 광산농악 문화재를 만들었으며 전라남도에 2개의 우도농악
문화재가 생겼다. 무안 우도농악을 문화재로 만들고 싶었는데 더 어려
워져버린 셈이다. 앞에서 광산농악이 영광 우도농악과 송정 우도농악
등이 습합해 광산농악으로 정착됐다는 박혜영의 정리를 언급했는데,
김혜정(「광산농악의 지역적 기반과 가락 구성」, 『남도민속연구』 제23집, 2011)
도 가락 중심으로 이러한 맥락을 정리한 바 있다.

광산농악 즉 광주 지역의 농악 전승을 확인해보자. 한국민속예술축
제 광주광역시 출전 및 수상 현황을 참고하면, 1988 소촌농악, 1989
광산구 마륵농악, 1990 광산농악, 1991 광산농악, 1992 광산들노래,
1993 광산들노래, 1994 호남우도농악 도둑잽이굿, 1995 호남우도농악

도둑잽이굿, 1996 문굿(문잽이굿), 1997 광산풀두레, 1998 호남검무, 1999 용전들노래, 2000 광산들노래, 2001, 쌍촌 우도농악, 2002 광주 지산농악, 2003 광주 무등농악, 2004 빛고을 무등농악, 2005 광주월 계상여소리, 2006 응망당산굿놀이 2007 광주지산들소리 2008 광산 풀두레놀이 2010 서창만드리 등이다. 참고로 2010년 서창만드리는 내 가 관여하여 설명문을 만들었다. 1989년 마륵농악으로 출전할 당시에 는 마당밟이를 중심으로 출전했던 것으로 보이고, 1990년 광산농악 으로 이름을 바꾸면서 판굿 중심의 공연으로 내용을 바꾸게 된다. 이 정보들을 종합해 보면 무안 우도농악은 영광농악과 광산농악의 동일 한 범주에서 논해야 하지 않을까 생각된다.

양림마을, 농악의 전형이 되다
—

양림마을 농악의 특징 중 하나로 판굿을 마무리하면서 부르는 성주 풀이가 아닌가 싶다. 이 소리는 상쇠가 하거나 관할에 있던 당골이 같 이 했다. 당골이 부차적으로 참여한 것이 아니라 매우 주도적으로 참 여했음을 알 수 있다. 상을 차려놓은 곳에서 고사소리를 했다. 이계선 의 표현에 의하면 그 당시 당골네들이 농악(마을굿)에 참여를 많이 했 다고 한다. 특히 성주풀이는 당골들이 거의 (주도적으로) 불렀다. 굿이 끝나면 상위의 음식과 마당의 벼가마니, 조왕에 썼던 쌀 등 전부를 당 골이 가져갔다. 마을 사람들이 놓은 돈 또한 당골들 소관이었고 농악 을 꾸린 마을 사람들이 가져간 적은 없다.

실제 양림마을의 농악이 무속의례를 겸한 것 아니었는지 좀 더 면밀

8. 공동체의 울림을 담은 소리, 농악

한 연구가 필요해 보인다. 실제 판굿으로 변화된 우도농악의 여러 의례들을 살펴보면 이 현상에 대한 도움을 얻을 수 있다. 양옥경의 논의를 인용해 공부 자료로 삼는다. 예컨대 '노래굿'과 '호호굿'은 풍년을 기원하는 농경사회의 발복 의식을 행위로 재현하는 과정이다. 이 때문에 일노래를 부르고, 농사짓는 과정을 모사한 신체동작이나 진법을 진행하는 것이다. 일광놀이와 도둑잽이는 신을 기쁘게 해드리려는 '오신'의 의미와 함께 공동체의 질서, 규범, 가치, 소원, 지향 등을 구성원 전체가 재확인하고 공감하는 과정이다. 현재 전승되고 있는 우도농악이 이전 농경 중심의 전통사회에서 존재하던 농악, 그 형태 중 하나인 판굿이 아니라 경제적 목적을 위한 전문 연예농악 집단의 공연 내용을 전승하고 있다 하더라도, 분명 지금의 우도농악 판굿도 음악(기악), 노래, 춤, 극 등 인간이 신체로 할 수 있는 모든 행위 수단을 이용하여 벽사진경의 목적을 공시적 행위를 통해 표방하고, 결속해서 이뤄내려는 농악 본연의 사회적 의미들을 담고 있다. 비록 이런 문화적 의미들이 '보여주기'에 가려 잘 전달되고 있지는 않지만, 분명한 것은 농경문화에서 형성된 공연 양식으로서 그 심층 구조에 축적돼 있는 사회적 기능과 경험 지식들이 쉽게 변화될 수 없는 것이다(양옥경, 「호남 우도농악 판굿의 시대적 변이에 관한 연구」, 『무용역사기록학』 제34호, 2014).

매곡마을의 경우, 당골은 예컨대 5일 정도 행해지는 지신밟기 행사에 동참하면 모든 음식과 쌀, 돈 등을 가져갔으며 농악단은 가져가지 않았는데 당골의 참여가 없어진 후에야 농악단이 가졌다고 한다. 진도 지역에서는 당골이 자신의 당골판을 갖고 일 년에 두 번(보리 수확, 벼 수확) 헌금을 수금해가는 도부제 제도가 있는데, 이와 비교 분석해 볼 필요가 있다. 양림마을 당골은 마을의 서당을 관리하며 살았다고 한다. 무속의례의 집례에 대해서는 차후 면밀한 조사가 필요하다. 매곡리 일대(다섯 마을)는 물론 현경면 평림촌, 청계 청천리 등 8개의 마을을 매곡마을 당골이 관리했다고 한다. 구체적인 의례에 대해서는 조사하지 못했는데, 예를 들어 마을 결혼식 때는 함을 지고 따라갔으며 출산 때도 항상 함께 했다. 이웃 당골끼리는 서로 유대가 있었으며 구역 당골이 결혼식 때 다른 구역의 당골들을 불러들여 모였다. 신랑이 신부 집으로 갈 때 당골들이 함을 지고 신부 집까지 함께 가서 잠을 잔 후 이튿날 신부의 가마를 남자 당골들이 짊어지고 신랑 집까지 왔다. 신부 집에서 잘 때 당골들은 일반인들과 어울리지 않고 잠만 자고 왔다고 한다. 농악단은 본인들의 마을에서만 활동했으며 무안군 관내에는 당골이 없는 마을 빼고는 나머지 마을의 당골이 모두 함께 했다. 특히 양림마을의 농악은 당골이 사라지기 전까지 항상 함께 했다는 점에서 오래된 전통일 수 있다.

이것이 농악 예인들 중 세습무계가 많았다는 점과 어떤 관련이 있지 않을까? 이경엽의 연구 「영무장의 세습무계와 무계 예인들의 활동」(『남도민속연구』 제30집, 2015)에 의하면, 영무장 지역에서 대대로 굿과 예술을 이어온 세습무계가 많았다. 무계 사람들은 각자의 전승기반을 토대로 무업에 종사하거나 역량에 따라 여러 분야의 예인으로 활동했다. 서로간의 통혼과 교류를 통해 횡적, 종적 연결망을 유지해왔다. 인근 장성이나 함평의 경우 학술조사가 이뤄지지 않아 파악하지 못했지만 최화집처럼 뚜렷한 행적을 남긴 예인들이 있는 것으로 보아 크게 다르지 않을 것으로 보았다. 농악 명인들 중 상당수는 세습무계 출신이므로 그러한 전승기반과 연계해서 파악할 필요가 있다. 널리 알려진 대로 세습무계 예인들은 농악만이 아니라 판소리, 기악, 줄타기, 잡가 등 민속예술 전반에 걸쳐 활동해왔던 것이다.

양림마을 농악의 성주풀이

양림마을 농악의 성주풀이는 현재 이계선이 보유하고 있으므로 차후 본격적인 조사가 필요하겠다. 참고로 농악에서 연행되는 성주풀이를 포함한 고사소리에 대한 자료들을 인용해 둔다. 고사소리가 판소리의 장단을 사용하고 패기성음으로 노래된다는 점에서 판소리와 유사하지만 동일 가사에 동일 장단을 사용하는 사례가 드물고 악조와 장단 활용의 음악 어법에서는 차이가 있다. 즉 고사소리는 우조와 중모리, 중중모리, 자진모리의 결합을 위주로 한다면, 판소리는 더 다양한 악조와 변조, 변청, 진양조와 엇모리를 포함한 다양한 장단의 활용을 하고 있다는 점에서 차별성이 있다(김혜정, 「광대고사소리의 음악적 특징과 장르간 접변」, 『한국민속학』 63, 2015).

잘 알려져 있는 정인삼의 집터 축원의 경우를 라형남의 정리 자료를 통해 살펴보자. 정인삼의 산세풀이는 호남 지역의 산세풀이에서 보이는 핵심 구조가 나타나는데, 산줄기의 여러 표현을 살펴보면 선대인으로부터 산세풀이를 큰 틀에서 전승받았다고 볼 수 있다. 명당풀이의 일부 대목은 선대 농악인으로부터 받았다고 말한다. 이외에도 집터가 명당이라고 축원하고 자손과 가축, 집안의 모든 것을 축원하는 여러 표현을 삽입하여 변화할 수 있으나 핵심 짜임새는 유지됐다(「정인삼 보유 고사소리의 정립과 전승양상」, 2016). 정인삼은 선대 농악인으로부터 서사무가 성주풀이의 사설인 주춧돌을 놓는 대목을 받았다. 그래서 그는 사설대목이 사장되는 것을 막고자 여러 무굿 현장을 찾아다니며 주춧돌 놓는 대목을 보완했고 지경소리를 형성해 전승 받은 대목을 보존

할 수 있었다. 정인삼의 성주풀이는 통속민요 성주풀이를 차용한 형태이다. 특히 그는 선대 농악인으로부터 유희적인 요소가 들어있는 사설을 전승 받았다. 물론 그는 여러 농악인의 소리를 받아서 정립했다. 그럼에도 그의 성주풀이는 유희적인 성격을 지니는 호남 지역 고사소리의 특징을 잘 보여주고 있다. 정인삼의 안방치레는 여러 서사무가의 사설을 차용해 농악대 고사소리에서 발견되는 세간풀이와 같은 짧은 축원문을 안방치레 사설로 발전시켰다. 그가 안방치레를 그의 고사소리에 포함한 것은 농악대 고사소리의 절차가 사장되는 것을 막기 위한 노력으로 볼 수 있다.

특히 덕석몰이, 콩꺾기는 무안 우도농악에서 사용하는 용어로 다른 지역과 부르는 이름이 다르다고 주장한다. 판굿을 칠 때에는 부녀자들이 강강술래를 하기도 했으며 수건돌리기와 노래도 부르며 함께 어울렸다는 점도 특이할 만하다. 그렇다면 이렇게 주장하는 특징들은 호남 우도농악의 일반적인 형태와 어떻게 같고 다른가. 시지은의 정리를 참고해 본다(『호남우도농악 판굿의 구성원리』, 2012).

우도농악 중에서 이리, 정읍, 김제, 부안, 고창, 영광 등 6개 지역의 판굿 연행 순서와 내용을 비교 정리했다. 호남 우도농악 판굿의 보편성은 다섯 가지 특징으로 정리된다. 첫째, 어름굿, 오채질굿, 오방진굿, 호호굿, 구정놀이 다섯 개의 마당으로 구성된다. 둘째, 주요한 세 마당은 삼채굿이라는 독립적인 단락으로 마무리된다. 셋째, 오채질굿과 좌질굿, 호호굿 장단 등 다양한 혼소박 형태의 장단을 공유하고 있다. 넷째, 쇠잽이들은 홍동지기를 입고 부포 상모를 쓴다. 마지막으로 고깔소고수의 편성과 고깔소고춤이 발달했다. 특히 우도농악 판굿의 전체적인 구성, 마당별 구성, 삼채굿이라는 단락 요소의 구성에서 공통적으로 보이는 기경결해의 전개 양상은 판소리, 시나위, 산조를 중심으로 한 호남음악과 세습무계 출신 농악 명인들의 활동과 깊은 상관관계가 있다. 우도농악은 이러한 보편성을 기준으로 정읍을 중심으로 한 본격적인 연희농악권과 신청농악, 두레농악의 전통을 계승하고 있는 영무장농악권으로 나뉘어 차이가 나는 판굿이 전승되고 있었다.

판굿으로 기교가 많은 정읍농악과는 어떻게 비교할 수 있을까. 정읍농악은 보천교의 농악 장려와 지원을 바탕으로 20세기 중엽에 이르기까지 우도 지역의 대표적 농악으로 자리매김했다. 그 이전에도 우도 지역은 전문 예인들로 구성된 이른바 유랑예인 집단에 의한 농악 연행이 성행했을 것으로 짐작되나 보천교에서 우도 지역 농악 명인들을 불러모아 활동을 지원한 것과 해방 이후 전국농악경연대회를 목적으로 창단된 정읍농악단이라는 단체의 활동과 영향이 오늘날 우도 지역 농악의 내용적 대동소이를 낳게 한 주요 요인으로 보인다(양진성, 「공연집단의 성격과 지향에 따른 좌우도 농악의 변별성-좌도 필봉농악과 우도 정읍농악을 중심으로」, 『한국공연문화연구』 16, 2008). 필봉굿은 무굿보다는 풍물굿이 동제의 핵심 역할을 하는 전북 좌도 지역의 농악 중에서도 풍물굿 이외의 혼재 요소가 가장 적은 순 풍물굿 위주의 마을굿 계통에 해당하는 농악이라 할 수 있다.

근대적인 판굿의 발상지 호남 우도농악은 1900년대 초반 정읍 보천교의 농악에 대한 적극적인 장려, 고창의 거부 정방규의 농악인들에 대한 전폭적인 지원으로 정읍을 중심으로 한 우도농악이 본격적인 연희농악으로 비약적인 성장을 할 수 있는 기반이 됐다. 1900년대 초반에 형성된 우도농악의 판굿 내용은 파악하기 불가능했다. 그러나 해방 이후 각종 대회와 여성농악단의 활동을 밝힌 시지은의 연구와 1967년 발간된 『호남농악』의 내용을 통해, 우도농악 판굿이 1900년대 중반에 이미 현재와 같은 체계적인 구성을 갖추고 있었음을 확인할 수 있다.

이상 무안 지역의 농악이 우도농악의 뿌리 역할을 했다는 점, 당골의 관여는 물론 들노래 등과 분화되지 않은 원시적 형태를 갖추고 있었다는 점, 잡색 양반이 살보를 들고 연행했다는 점 등을 현지조사 자료를 통해 살펴보았다. 다른 지역에도 농악이 산재해있지만 특별히 무안의 농악을 무안만에서 처음 시작된 것들이라는 타이틀 속에 배치한 이유가 여기에 있다. 무안농악은 이런 점에서 크게 주목해야 할 자산이다.

9

풍수, 갱번,
반도에서 해만으로

간조기의 썰물, 남도의 바다에 나가보라. 여섯 시간 전에 물로 가득 찼던 바다가 이내 땅으로 변한다. 땅은 땅이되 뭍과는 다른 땅이다. 실핏줄처럼 물길 가득한 갯벌이기 때문이다. 나는 이 풍경을 늘 거꾸로 자라는 나무라고 말해왔다. 뭍과 마주선 물, 산에 대칭되는 바다라는 의미에서 그렇다. 어떤 조물주 있어 이 황홀한 핏줄들을 직조할 수 있단 말인가. 끝 간 데 모르게 광활한 서남해의 갯벌에는 거꾸로 선 큰 줄기와 잔가지와 미처 털어내지 않은 물비늘들이 좁쌀꽃같이 빛난다.

_____ -

무소의 뿔처럼 거듭나라
—

원명이 꿈을 꾸었다. 백운산白雲山 총지사總持寺에서 소 한 마리가 내려오더니 어떤 암자에 이르렀다. 뒤따랐으나 소는 오간 데 없고 계곡 바위 위에 소 발자국만 보였다. 그 자리에 풀을 엮어 암자를 만들었다. 목우암牧牛庵이라는 이름이 생긴 내력이다. '목우'는 소를 먹여 기르거나 혹은 먹여 기르는 소라는 말이다. 풀을 엮어 만들었으니 초당草堂이요, 백운 숲 정기 받았으니 초의草衣일 것이다. 총지사는 승달산 지맥 백운산에다가 정명淨明이 창건한 절이다. 때는 신라 성덕왕(702~737년), 서역 금지국金地國 사람이니 지금으로 보면 중앙아시아 어디쯤 '금'과 관련된 나라의 승려였던 모양이다. 인근의 법천사도 비슷한 시기에 정명이 지었다. 고려 인종 때(1131년) 원나라 임천사臨川寺 승려 원명圓明이 중창한다. 총지사 승려의 수가 800여 명, 아홉 개의 암자, 200여 동의 승방이 있었다 한다.

195

폐사廢寺와 관련해 전해오는 이야기가 있다. 충청도 석성현감을 지낸 임면수가 총지사 뒤쪽에 아버지의 묘를 썼던가 보더라. 이에 불만을 품은 승려들이 묘에 참나무 말뚝을 박아버렸더니 임면수는 절에 불을 질러버렸다. 1810년(순조 10)의 일이다. 승려 중 일부가 분신焚身을 하거나 인근 법천사로 피신한다. 불교 세력과 유교 기득권 세력의 갈등을 상징하는 설화 한 토막 같다. 공교롭게도 1896년 법천사마저 화재로 폐사된다. 이때 모시던 목조 삼존불상을 지금의 목우암으로 옮겼을 것이라 한다. 불가피한 선택이었겠지만 어쩌면 비로자나불이 소 먹여 키우는 초암으로 자리를 옮겼을지도 모를 일이다.

목우암 오르는 길, 여전히 호젓했다. 예년에 없던 폭설 후라서인지 겨울비 내려 소슬할 뿐이었다. 법천사와 목우암 갈림길에는 변함없이 석장승이 맞이한다. 제 딴에는 눈을 부라린다고 치켜떴는데 왠지 이웃집 사람처럼 서글서글하다. 총지사 오르는 마을 입구에도 석장승 2기가 있다. 나주 운흥사와 불회사의 석장승 등 해학적인 조선 후기 양식 중 하나다. 때마침 김희태 전남도문화재전문위원 등 지인들이 의기투합을 해 요모조모를 따져봤다. 전문가들이 분석한 자료의 일부를 여기 인용해둔다.

극락보전에는 목조 아미타삼존불좌상이 모셔져있다. 생각보다 규모가 크고 웅장하다. 약칭 목우암 삼존불이라 한다. 전라남도 문화재자료 제172호, 목조 삼본불이다. 협시보살은 각각 관세음보살과 대세지보살이다. 복장 유물 일부는 도난당했다. 다행히 본존불 바닥의 조성 내용이 남았다. 각종 문헌자료들도 남았다. 전적(묘법연화경)과 다라니 등이다. 묵서의 내용쪽으로 보면 1614년(광해군 6)에 제작됐다. 수화승 각심, 화승 응원, 고한, 덕현, 경륜, 인균 등의 작가 이름이 보인다. 화승

무안 승달산 목우암 오르는 길.

응원應元이 만든 목조불상이 국가보물로 지정된 사례가 여러 건 있는
것으로 봐서 이 불상도 그만한 가치가 있다고 평가된다. 극락보전 뒤
쪽의 축성각 목조 아미타여래좌상도 1666년 제작됐다. 극락보전 안에
는 왕실의 위패가 모셔져있고 조상기문에는 왕에 대한 발원이 적혀있
다. 뒤편 법당을 '축성각'이라 지은 이유다. 금성 주지스님이나 무안군
이정운 의원 등에 의하면 목우암의 풍수가 천하명당이라 한다.

　풍설이기는 했지만 현재의 전남도청이 무안 남악에 자리를 잡은 것
도 승달산(불교)과 목포의 유달산(유교), 영암의 선황산(도교)의 기운을
모은 꼭짓점이기 때문이라지 않았는가. 실제 목우암에서 내려다보는
풍경은 형언할 수 없을 만큼 안온하고 아름답다. 혹시 아는가. 승달산
에 있던 아홉 개의 암자와 200여 개의 승방이 십우도의 소 키우는 휴

게공간으로 되살아날지.

소가 점지하여 지은 절 이야기는 목우암만 있는 것이 아니다. 미황
사의 소 이야기가 유명하다. 해남 사자 포구에 배 한 척이 들어오려 했
다. 마을 사람들이 가까이 가기만 하면 멀어지곤 했다. 달마산에서 정
진 중이던 의조화상이 향도 100여 명과 함께 물가에 나가 기도를 올
렸다. 비로소 배가 포구에 닿았다. 인도에서 온 배라고 했다. 배 안에
는 검은 돌과 금으로 된 함이 있었다. 검은 돌에서는 검은 소가 나왔
다. 금함에는 불상과 경전들이 가득 들어 있었다. 그날 밤 의조화상에
게 남방 우전국의 왕이 현몽했다. 검은 소가 멈추는 곳에 절을 세우라
했다. 다음날 소 앞세웠더니 지금의 자리에 멈춰 서는 것 아닌가. 서쪽
향해 아름다운 소리로 세 번 울고 드러누웠다 해서 미황사美黃寺라 부
르게 됐다. 목우암의 소는 총지사를 매개 삼아 서역 금지국으로부터
왔고 미황사의 소는 남방 인도에서 왔다. 이때까지만 해도 중앙아시아
및 남방 인도와 교류가 활발했던 모양이다. 미황사의 소가 왜 흑우黑牛
인지 알려지지 않지만 깨달음의 비유는 대개 흰 소로 표현한다. 이것
을 딱히 남방과 북방의 지리적 출처로 나눌 수야 없겠지만 근원한 장
소와 인물들이 상관했던 소를 배경으로 삼았다는 점 정도는 짐작할
수 있다. 미황사의 소가 검은 소이니 목우암의 소를 흰 소라고 해볼까?

소(牧牛)의 비유는 수선사修禪社(보조국사 비명 참고)의 선禪사상에서
비롯됐다고 한다. 창시자인 지눌 스스로 목우자牧牛子라 했다. 하지만
부처님의 이름 '고타마 싯다르타Gotama siddharta'의 고타마가 우牛, 우
왕牛王, 수우水牛라는 산스크리티어 'go'와 어미 'tama'가 붙어 최상급
의 용어가 된 것을 보면 불교의 발생부터 소와 관련돼 있는 것 같다.
깨달음에 이르는 과정을 주목할 때는 열 가지의 단계라는 의미로 '십

우도'라 한다. 불교 초기 경전에는 탁발과 목동의 비유가 많이 나온다. 『증일아함경』, 『마혈천자품』, 『유교경』, 『법화경』, 『비유품』 등이 그것이다. 『숫타니파타』에 '소치는 사람', '무소의 뿔', '밭가는 사람' 등의 비유가 있다.

심우도尋牛圖는 보명선사의 목우도와 곽암의 십우도가 대표적이다. 곽암선사의 십우도는 심우尋牛(소를 찾아 나서다)에서 입전수수立廛垂手(저잣거리로 들어감)까지 다른 지면에서 소개했으니 생략한다. 보명선사의 목우도는 미목未牧(아직 기르지 못하다), 초조初調(처음으로 다스리다), 수제受制(제재를 받아들이다), 회수廻首(머리를 돌리다), 순복馴伏(길이 들다), 무애無碍(걸림이 없어지다), 임운任運(흐르는 대로 맡기다), 상망相忘(소와 사람 둘 다 잊다), 독조獨照(홀로 비춰보다), 쌍민雙泯(함께 소멸하다)이다. 나 같은 땔나무꾼의 눈으로 보면 보명선사의 목우도가 심중에 닿는다. 배냇소 받아 코뚜레 뚫고 멍에 얹어 논갈이 밭갈이하다가 남김없이 육보시까지 하는 생애의 묘사처럼 보이기 때문이다. 어찌 보면 소처럼 우직한 삶이 깨달음인지도 모르겠다.

외뿔소와 관련하여 잘 알려진 『숫타니파타』 「사품蛇品」의 경구는 대개 혼탁하고 미혹하는 세상을 갈망하지 말고 욕망과 집착을 버리라는 뜻으로 해석한다. 하지만 나는 뱀이 허물을 벗듯 재생과 거듭남의 주문이라 생각하고 즐겨 쓴다. 나약한 우리에게 늘 힘을 주어서일 것이다.

소리에 놀라지 않는 사자와 같이, 그물에 걸리지 않는 바람과 같이, 흙탕물에 더럽히지 않는 연꽃과 같이, 무소의 뿔처럼 혼자서 가라.

풍수와 생극론의 땅

풍수는 장풍득수藏風得水에서 온 말이다. 우리나라의 기후 특성상 겨울에는 북서풍이 드세고 여름에는 남동풍이 많다. 이 바람을 피하고 물을 구하기 쉬운 곳이 풍수 명당이다. 국어사전에는 "집, 무덤 따위의 방위와 지형이 좋고 나쁨과 사람의 화복禍福이 절대적 관계를 지닌다는 학설, 또는 그 방위와 지형"으로 설명하고 있다. 좌청룡 우백호, 뒤편에는 산이 있어야 좋고 앞쪽으로는 물이 흘러야 좋다는 배산임수의 원리가 여기서 나왔다. 모두 땅에 대한 관념과 철학이자 과학이기도 하다. 살아있는 자들을 위한 풍수를 양택陽宅이라 하고 죽은 자들을 위한 풍수를 음택陰宅이라고 한다. 살아있든 죽어있든 모두 유기적인 관계망을 형성하고 있다는 것이 풍수의 기본 원리다. 대학의 지리학과에서 풍수를 배우고 건축이나 환경공학에서 풍수를 다루는 데까지 이어졌다. 명당에 조상을 모시고 발복했다느니 명당을 찾아 묘를 옮겼다느니 하는 옛이야기들이 자주 전해오는 이유도 여기에 있다.

구례 운조루는 풍수로 유명한 곳이다. 운조루 공식 홈페이지는 이렇게 설명해두고 있다.

> 지리산은 그 후덕한 기운 탓으로 우리나라에서 가장 살기 좋다는 3대 명당인 금환락지를 만들어 놓았다. 해발 1506m의 노고단이 형제봉을 타고 내려오다 섬진강 줄기와 만나면서 넓은 충적평야를 형성하였다. 그 천하대지가 구례 들판 어느 곳엔가 위치한다는 비기가 전해왔다. 구례군 토지면 오미리가 그곳이다. 속칭 '구만들'이라고 부르는 이곳의 마을들은 모두가 금환락지 명당 터를 잡기 위해 외지인들이 몰

려와 개척한 곳이라고 한다.

금환락지金環落地는 무엇인가? 문자 그대로 금반지를 떨어뜨린 땅이라는 뜻이다. 영험을 말하기 위해 지리산의 선녀를 등장시킨다. 비녀도 함께 떨어뜨려 금잠락지金簪落地라고도 한다. 한해륙(한반도)을 아기를 낳는 여인의 모습에 비정하며, 이 미녀가 잠자리를 하기 위해 가락지를 풀고 비녀를 풀어놓았다는, 그 명혈名穴 자리가 오미리이고 운조루라는 뜻으로 설명된다. 지리산 주봉인 노고단을 이어 월령봉이 왕시루봉을 대면하고 섬진강을 끌어안은 모습이라는 설명을 부가한다. 땅에 대한 인격화, 여성의 생산성, 재화와 복락에 대한 욕망들이 비교적 선명하게 드러난다. 여성의 음부와 자궁을 성적으로 말하면 음란한 요설이라고 폄하하다가도 풍수를 대입해 말하면 음덕蔭德의 충만으로 칭송한다. 남한 3대의 명당으로 알려져 있는 운조루에는 남쪽으로 연못을 팠다. 풍수로 완벽한 땅인데 왜 연못을 팠을까? 길지吉地에 대한 관념과 축적된 욕망들은 어떤 상관을 갖고 있는 것일까.

전남도청을 무안으로 옮기면서 풍수에 대한 말들이 많았다. 지금도 위키백과 등의 설명에는 길지에 대한 해석이 부가되어 있다. 뒷면 오룡산과 앞면 영산강은 배산임수의 전형으로 설명된다. 우리나라 수도의 주산은 북악산이요, 남도의 주산은 남악산이라는 언설도 여기서 비롯됐다. 도청 이전의 명분이 되었다고도 하는 삼각 길지의 꼭짓점이라는 풍문도 그야말로 바람과 같은 말들이었다. 무안에 승달산이 있고, 목포에는 유달산이 있으며 영암에는 선황산이 있는데 이 세 개의 산을 연결해 그 꼭짓점에 전남도청을 세웠다는 뜻이다.

풍수학자 김창조는 『경향신문』 연재물 '한국풍수의 재발견 51'을 통해 이를 상세하게 주장한 바 있다. 다섯 용이 구슬을 다투다 되돌아오는 땅이라서 회룡回龍이라 한다. 오행이 상생하는 땅이라는 뜻이다. 전라도가 어머니 품속 같은 구실을 하게 되는 개벽의 승지勝地라며 통일 이후의 비전까지 언급했다. 북악은 대륙을 관장하고 남악은 해양을 경영하는 통일의 시대를 남악 도청 터에서 기대해보자고 제안하기도 했다. 이런 맥락에서 유불선의 삼신산을 모두 찾았고 그 꼭짓점의 안쪽을 살펴 현재의 터를 잡았다는 것. 이 땅이 융화와 회통의 천하 대지명당이라는 것이었다. 땅의 이름과 산의 이름들이 대거 동원되고 의미가 부여됐다. 유달산은 유교, 승달산은 불교, 선황산은 도교의 맥락을 설명하는 데 활용됐다. 영암에서 출생한 도선국사는 이들을 융합한 유불선의 고승으로 풀이됐다. 하지만 이 설이 도청을 옮기기 위한 명분 쌓기에 지나지 않았다는 비판도 거셌다. 비판하는 입장에서는 김창조의 주장을 요설妖說로 취급한다. 도깨비 같은 이야기라는 뜻이다. 그럴까? 이것이 요사스런 수작에 그치지 않으려면 적시한 남북과 해양의 시대를 전남도청을 통해 열어 가면 될 수 있을까? 회룡의 본질은 결국, 그곳에 자리를 잡고 살아가는 사람들의 문제로 회귀하는 것 아닌가.

풍수의 본질과 민속 경관의 함수

나는 땅에 대한 관념과 욕망을 민속경관의 관점에서 풀어오곤 했다. 민속경관 속에는 경관지리학에서 말하는 문화경관적 맥락과 우리의 전통 경관 관념인 풍수적 맥락을 담고 있다. 베노 베를렌에 의하면, 경관지리학에서 말하는 경관이라 함은 지표면의 일부분이 지닌, 일정한 관점에서 관찰할 수 있는 개성적인 전체 인상을 말한다. 이 중 자연적인, 인간에 의해 창조되거나 변형되지 않은 표현상의 일부는 자연경관

9. 풍수, 갯벌, 반도에서 해만으로

(Naturlandschaft), 인간에 의해 창조된 부분은 문화경관(Kulturlanddchaft)이라 한다.

이은숙은 그의 연구 「몽골인의 자연관과 인문경관」이란 글에서, 경관은 거주지의 생활양식의 표현이며, 인류에 의해 창조된 경관의 일부 즉 문화경관은 인간을 매개로 한 자연적인 지리 요소의 작용으로 인식되고 있다고 말한다. 우리의 전통적 풍수지리론은 자연지세의 맥, 맥을 따라 흐르는 기, 기가 모이는 결절점 혹은 기를 접할 수 있는 장소인 혈을 논리체계의 기본 요소로 하고 있다. 최영조는 그의 책 『신한국풍수』에서, 우리의 풍수란 자연환경의 생성과 변천에 대한 법칙을 연구해 이 법칙을 최선으로 이용함으로써 삶의 행복을 추구하는 것을 목표로 삼고 있다고 주장한다. 나는 이들 논의를 바탕으로 민속경관을 "민속적 배경을 바탕으로 한 민속생활 및 연희들을 관찰하거나 체험하는 것을 통해 민중들의 삶의 행복을 추구하는 공간"으로 정의해 두었다(「여수 영당의 역사와 지속가능한 민속경관 전략」, 『남도민속연구』 제14집, 2007).

풍수 비보裨補는 풍수적 환경에 부족함이 있을 때 인문적 환경을 보족함으로써 풍수적 조화를 통한 주거지 생태 환경의 항상성과 안정성의 달성을 목적으로 하는 대응 방식을 말한다. 최원석이 이를 잘 설명해두었다. 비보 조산은 흙, 돌, 숲(나무)을 산 모양으로 조성하여 공결한 곳을 메움으로써 보허 효과를 얻는 비보 유형이다. 흙무지, 돌무지(돌탑), 조산 숲이 대표적인 형태다. 평안도와 황해도의 수살, 경기도 북부의 축동, 제주도의 거오기 등이 조산의 기능을 한다.

전통적인 비보의 형태는 다양한 형태로 나타난다. 그 대표적인 것이 솟대, 입석 등의 마을 경계물과 조산을 포함한 수구 및 동구 등이다.

남도 지역 대부분의 마을에 세워져 있는 남근 형태의 입석도 이러한 비보적 기능을 한다. 도서 해안이 많은 전남의 경우에는 우실이 대표적이다. 호남 좌도 지방의 조탑이나 우도 지방의 입석들은 수구막이 기능으로 마을 입구에 세워지는 것이 통상적이다. 담양의 수구맥이 등이 전형적인 것들이다. 본래 비보 풍수에서의 수구나 동구는 '나'와 '너'를 구분 짓는 지표물이다. 이러한 '구분 짓기'의 표시는 사람을 포함해 장소(영역)를 기초로 삶을 영위하는 모든 동물들에게도 포함된다.

풍수 상보相補는 무엇인가? 예컨대 산업화로 치우친 도시경관에 민속경관을 비보함으로써 그 부족한 환경을 보족해주는 의미로 이해하면 쉽다. 여기에 비보론을 대입하는 것은 한쪽으로 치우친 도시경관을 조화로운 상태로 복원시키는 의미를 가지고 있다고 할 수 있다. 도시경관의 황폐함을 민속경관으로 비보할 수 있다면 이것이야말로 현대의 인문학적 대응방식이요, 비보적 풍수 아니겠는가.

자꾸 신도시를 지어 원도심을 황폐화시키는 현재의 도시 재구성 방식을 되돌아봐야 할 이유가 여기에 있다. 풍수가 좋은 땅을 찾거나 획득하는 일이라고 해서, 가난한 집에 태어나서 명당 얻지 못하는 사람들은 다 굶어죽으라는 뜻은 아니지 않겠는가. 이것이 어찌 땅의 일에만 국한되겠는가. 좋은 환경에 태어나서 등 따뜻하게 살아가는 사람들만 이익을 독차지하는 것, 이른바 결정론적 사회제도와 결정론적 땅이 따로 있는 것이 아니다. 내가 현재 살아가는 공간을 비보하고 상보하는 방식으로 명당 터를 가꾸고, 나와 더불어 살아가는 이웃들을 돕는(裨補) 일, 그것이 풍수의 본질이다.

일찍이 이중환도 『택리지』를 통해 수구론을 펼친 바 있다. "어찌하여 지리를 논하는 것인가. 먼저 수구를 보고, 그 다음으로 들의 형세를 본다. 그리고 다시 산의 모양을 보고, 다음에는 흙의 빛깔을, 다음은 조산朝山과 조수朝水를 본다."라고 했다.

수구水口는 물을 끌어들이거나 흘려보내는 곳으로 풍수론에서는 이익(得)이 흘러간 곳의 의미로 쓴다. 담양 지역의 '수구맥이돌'이 잘 알려져 있다. 물의 기운을 지킨다는 뜻으로 세운 돌이다. 『고려국사도선전』이라는 고려 말 문헌에서는 비보의 개념에 대해 다음과 같이 설명한다.

> 사람이 만약 병이 들어 위급할 경우 곧장 혈맥을 찾아 침을 놓거나 뜸을 뜨면 곧 병이 낫는 것과 마찬가지로 산천의 병도 역시 그러하니 절을 짓거나 불상을 세우거나 탑을 세우거나 부도를 세우면, 이것은 사람이 침을 놓거나 뜸을 뜨는 것과 같은지라.

이름하여 말하기를 비보라 한다. 산천의 부조화와 그에 의해 생겨나는 인사人事의 난조亂調를 해결하기 위해 도선이 제시한 방법론이자 처방전이 산천의 혈맥에 절, 탑, 불상, 부도 등 불교적인 수단을 세워 치유하는 이른바 비보탑설이었다. 요컨대 비보란 풍수적인 산천 인식에 기초하여 파악된 문제점에 대한 인문적인 대응 방식이었던 것이다. 지금까지 신도시 개발을 통해 새로운 정주 터를 만들고 구도심을 방치하는 방식, 그래놓고 다시 도시재생이란 이름으로 천문학적 세금을 낭비하는 방식은 많은 문제가 있다. 풍수의 본질은 좋은 땅, 좋은 나라를 찾아 이주하거나 이민하는 것이 아니라 내가 살아갈 수밖에 없는 이 땅을 비보하고 상보하여 살기 좋은 땅으로 가꾸는 데 있다.

앞서 언급한 무안 보평산 능선에 자리한 용굴샘. 누군가 몰래 묘를 쓰면 이 샘의 물이 마른다 했다. 보평산은 명산이고 용굴샘은 그를 보전하는 상징 공간이기 때문에 아무리 큰 권력을 가진 자라도 이 산에 묘를 쓸 수 없다. 하지만 자기 자손들만의 발복發福을 위해 몰래 묘를 쓰는 자들이 있었다. 도장盜葬이라 한다. 그럴만한 능력과 사회적 부를 거머쥔 자들이다. 가뭄이 들거나 역병이 들면 모든 고을의 여자들이 호미와 낫 등을 들고 보평산을 뒤져 몰래 쓴 묘를 찾아 파헤쳤다. 유골들을 흩뿌려버린다. 그래도 묘지 임자가 되었건 문중이 되었건 이의를 제기할 수 없다. 일종의 시스템이다. 명산대천은 공동체의 것인데 마을 사람들 몰래 독점하는 것을 용납하지 않았던 것. 가뭄이나 기근 특히 역병의 원인을 발복이나 사회적 권력의 독점 때문이라고 진단했음을 알 수 있다. 이것이 도깨비굿이다. 소리 나는 모든 것들을 들고 가가호호 방문하는 사례도 있다. 진도군 진도읍 사례가 잘 알려져 있다.

오로지 여성들만으로 구성된 이 제의에 기왕의 체제를 담당하는 권문세족 혹은 남성들이 참여할 자리는 없다. 경상남도 등 전국에서 몇몇 사례가 보고돼 있다. 대체로 극심한 가뭄이나 역병의 유행이 심할 때 치러진 의례임을 주목할 필요가 있다. 반란 제의는 전염병의 창궐에 대한 전복은 물론 남성 중심 사회에 대한 전복의 의미를 담고 있다. 이 마을을 하나의 사회, 하나의 국가로 치환해 보면 보이는 것들이 있다. 역병의 창궐과 피해보다 중요한 것이 오히려 심리적 문제들이었다.

민간에 설화나 루머로 유포되는 예언들을 도참圖讖사상이라 한다. 국어사전에서는 앞날의 길흉에 대한 예언을 믿는 사상으로 풀이한다. 음양오행설, 풍수지리설, 천인감응설, 부서설符瑞說 따위를 혼합하여 천변지이天變地異를 설명했다는 것. 중국 주나라 말 혼란기에 횡행했다. 우리나라에는 신라 말, 고려 초기에 들어와 퍼졌다. 모두 사회적 혼란기다. 대표적인 것이 『정감록鄭鑑錄』이다. 조선 중기 이후 급속하게 유포된 책이지만 연대나 지은이 등을 정확하게 알 수 없다. 나라의 운명과 백성들의 앞날을 예언했다. 정씨 성을 가진 도령이 조선의 왕이 된다는 내용을 담고 있다. 이본이 아주 많을 뿐 아니라 끊임없이 재생산된다. 수요가 있다는 뜻이다. 조선왕조실록을 보면 정감록 류의 여러 책들을 불온문서로 간주하여 개인의 소유를 금했다는 내용이 나온다. 실제로 왕들이 궁궐을 짓는 등 비보적 대응을 한 사례가 있다. 어떤 지역에서는 난을 일으킨 사례도 있다. 16세기 말 정여립의 난이 대표적이다.

전라감사 이서구(1754~1825)의 예언도 약방의 감초처럼 인용되곤 한다. '수저水底 30장이요 지고地高 30장', 즉 변산 앞바다 바닷물이 30장 밑으로 내려가고 해저의 땅이 30장 위로 올라온다는 예언이다. 서화담과 토정 이지함으로부터 이어지는 도가풍 맥락을 이은 인물의 이야기다. 문제는 새만금 방조제에 대한 정당성 혹은 불가피성을 이 이야기에 빗대 설명한다는 것. 긍정적인 측면보다는 부정적인 측면에서 소환되곤 하는 이야기들이다. 무슨 터무니없는 이야기인가 싶겠지만 이들 이야기는 대부분 현실에 대한 부정 아니면 극복의 심리와 연결돼 있다.

상생과 상극, 생극론을 생각하다

오행만큼 우리 삶에 깊숙이 들어와 있는 전통 이론도 없을 것이다. 철학 혹은 인문학, 아니 우리의 삶 자체를 오행으로 해석해왔기 때문이다. 하늘에 떠 있는 별, 시간과 공간, 우주 만물 삼라만상에 이 의미를 갖다 붙인다. 몸에도 맛에도 멋에도 그 어떤 것들도 예외이지 않다. 우리가 세상을 이해하는 보편적인 방식이다. 다섯 가지의 맛이니 다섯 가지의 소리니, 오장五臟이니 오방五方이니 하는 생각들이 여기에서 나왔다.

무안만 들머리 봉수산에서 내려다본 갯벌. 있음과 없음의 변증법적 공간이다.

9. 풍수, 갱번, 반도에서 해만으로

오행은 태극에서 온 것이고 태극은 무극에서 온 것이다. 알기 쉽게 태극기가 전형적인 물증이다. 한반도의 위상을 음양오행을 빌려와 태극기로 표현했기 때문이다. 주지하듯이 오행五行은 우주 만물을 이루는 다섯 가지 요소이자 물질이다. 목木, 화火, 토土, 금金, 수水로 나누고 상관관계를 설정한다. 행行은 에너지의 흐름 곧, 순환을 말한다. 순차적으로 서로를 돕는 기운을 상생相生이라 한다. 선행하는 것에서 해당 요소가 생성된다는 뜻이다. 한 요소씩 건너뛰면서 서로를 극복하려는 기운을 상극相剋이라 한다. 선행하는 요소를 물리친다는 뜻이다. 이런 관념은 동아시아 전반을 관통한다. 발생은 고대 시기라 한다. 그만큼 오래된 생각이다.

생극론生剋論이란 무엇일까? 『한국문학통사』를 쓴 조동일이 이를 주장한지 오래다. '음양생극론'을 줄여서 한 말이니 음양오행 이론이다. 그가 생극을 말했던 이유가 있다. 동아시아 문명론을 설명하기 위해서다. 문학이론가이니 응당 인문학문과 자연학문(자연과학)의 상관관계를 소재 삼는다. 양자가 서로 상생하거나 상극한다는 취지다. 예컨대 인문학문과 자연학문은 양극이라 하고 사회학문은 그 중간이라 한다. 양자 간에 상극이 심각하면 상생을 이루는데 힘써야 한다고 주장한다. 양자의 우열이 심하면 균형을 잃게 되어 혼란이 오기 때문이다. 대학의 인문학과는 침몰해가는 데 비해 사회 전반적으로는 인문학 열풍이 있다고도 한다.

자연과학의 천대니 우대니 하는 언설들도 크게 다르지 않다. 모두 자기가 속한 입장에서 우열과 선후를 문제 삼는다. 시간적으로 보면 근대학문과 현대학문이 그러하고 한국의 학문과 다른 나라의 학문이 그와 같다. 이들의 균형과 조화가 생극론의 요체다. 후진이 선진되고 선진이 후진되는 이치가 생극론의 기본이라는 취지다. 성경의 복음서에도 유사한 구절들이 있다. "나중 된 자로서 먼저 되고 먼저 된 자로서 나중 되리라"(마태복음 20:16). 마가복음이나 누가복음에도 같은 구절들이 있다. 적어도 생극을 이해하는 세계관은 동서양을 불문하고 서로 통하는 모양이다. 조동일은 이것으로 동아시아 문명을 설명하려 했다. 그뿐일까? 원천의 제공자들은 고대로 거슬러 오를수록 많아진다.

원효의 사상이 대표적이다. 해골바가지 사건은 삼척동자도 알만큼 유명하다. 원효와 의상이 선진 학문을 배우려고 당나라로 가다가 하룻밤 토굴에 묵게 되었는데 목이 말라 마신 물이 해골바가지의 물이었다는 것. 모르고 마셨을 때는 시원하여 갈증을 해소해주었다. 그것이 해골인 것을 알고는 구역질을 했다. 원효의 깨달음을 대개 이 장면으로 해석한다. 평택에 있는 수도사는 이를 관광자원화하기 위해 '원효대사 깨달음 체험관'을 만들어두기도 했다. 어쨌든 모든 것이 마음에 달려있다는 것 아닌가. 현상만 그러할까? 근원으로 돌아가면 세상만물의 이치가 그러하다고 말한다. 원효의 기행을 설명하는 여러 가지 사례들이 이를 말해준다. 깨달음을 얻었으니 당연히 당나라 유학은 불필요하게 된 것. 이때부터 무애無碍의 노래와 춤을 추면서 저자에서 사람들에게 '모든 것이 마음에 달려있다'는 설법을 했다는 것 아닌가. 무애는 모든 형식과 내용에 구애됨이 없다는 뜻이다. 화엄경의 "일체 무애 일도 출생사"에서 따온 말이다. 한마디로 원효의 사상을 갈무리하기는 어렵겠으나 대개 화쟁化諍사상으로 압축시켜 설명한다. 불교의 대승, 소승, 모든 경전의 교리와 학파들 간의 논쟁을 성찰하여 만법이 일여一如하다고 주장했던 것.

장면을 바꾸어 고대로 거슬러 올라가도 마찬가지다. 삼라만상 에너지의 순행과 역행이 모두 생극으로 회통하지 않는 것이 어디 있겠는가. 다만 시기와 공간을 두어 서로 보保하거나 제除하는 것일 뿐. 결국 중요한 것은 내가 서 있는 시기와 공간을 잘 성찰하여 '존재'의 심연을 깊게 하는 것 아닐까.

바다의 시간을 계산하다

나승만은 일찍이 황해를 황어문화권(조기문화권)으로 부르자 주장했다. 주강현은 분단 이후 서해안 이북 지역에 대한 현지조사를 하지 못하게 된 점을 성찰한 바 있다. 나승만은 조기잡이의 경제적, 문화적 역량을 한국, 중국을 망라하는 어시장(파시)의 형성에서 찾고 있다. 한국의 흑산도, 위도, 연평도 파시 및 중국 발해 연안 도시의 대활어시, 절강성 주산군도 일대의 어장 활동, 동중국해 대황어 판매 집결지인 상해 장수포와 십육포 어시장 등을 사례로 든다. 이들 모두 조기를 매개로 형성된 '파시'들이다. 환황해 권역이고 황어문화권이다. 조기(황어)가 갖는 총체성을 주목해야 할 이유이기도 하다. 주강현이 30여 년 전에 주장했던 바, 북한의 조기잡이 연구로 확장해가는 것이 남은 과제일 것이다. 나승만이 주장했던 황어문화권의 의미를 추적하는 것이 미래 비전일 것이다.

우여곡절을 거치고 있지만 남북의 화해와 평화의 시대가 열리고 있다. 한중의 관계가 재설정 될 것이고 한일의 관계 또한 진전될 것이다. 그래서다. 연평도를 넘어 장산곶으로, 발해만으로 다시 주산군도로 회유하는 '황어黃魚'의 담론을 시작해야 함을 깨닫는다. 나라를 넘어 종족을 넘어 남북을 매개하고 한중을 매개하고 아시아를 매개하는 키워드이기 때문이다. 우연은 없다. 새로운 시대는 한반도 스스로 개척해나

가야 한다. 세계 3대 개펄이니 최고의 개펄이니 하는 황해의 의미를 톺아봐야 할 이유이고, 조기잡이를 넘어 사리와 조금의 물때를 살던 개펄 사람들의 정체를 살피는 일이기도 하다. 김선태의 시를 빌려 이렇게 얘기하면 온금동 사람들이 당초 그랬던 것처럼 무엄하다 하려나? "황해에서 태어난 우리가 사실은 모두 '조금새끼'들 아닌가?"

아키미치 토모야가 쓴 『해양인류학—해양의 박물학자들』을 인용해 바다의 시간에 대해 언급해 둔다. 해양 현상은 파도의 크기, 조수의 간만, 풍향, 조류의 세기와 해수온 등 계절과 해와 달에 의해 시시각각으로 변화한다. 그 변화를 일정 시간 동안 관찰해 보면, 대부분 일정한 주기가 있음을 알 수 있다. 이것을 바다의 리듬이라고 부른다면 바다와 다양한 형태로 관련되어 있는 사람들에 있어서 다양한 바다의 리듬은 생활상의 전략적인 지식을 이루고 있다고 할 수 있다. 바다의 리듬에 관한 연구는 시간 인식과 달력의 문제이기도 하여 지금까지 주로 언어 인류학적 테마로 다뤄왔다. 원래 시간은 년, 월, 일, 시, 분, 초 등의 기준 단위의 반복으로 이루어진다. 시간을 어떻게 분절화하는가, 그 기준은 어떻게 해서 결정되는가?

계절과 조수의 변화는 어로 활동에 있어 대단히 중요한 요인이 된다. 김선태의 시 「조금새끼」에서 확인하듯이 이미 우리에게는 물때라는 전통지식이 전 해안, 전 어민들에게 광범하게 인지되어 있음을 알 수 있다. 지역에 따라 셈법이 달라지는 것은 조석 간만의 차이나 개펄의 생태조건, 어종의 다름 등이 있기 때문이다. 동남아시아의 사례이긴 하지만 예컨대 실갯지렁이의 발생을 달력 속에 집어넣거나 계절변화의 기준으로 삼거나 혹은 1년의 시작으로 삼는 예도 있다. 인도네시아 롬복섬과 숨바섬에서는 냐레라고 부르는 실갯지렁이를 채집할 때 의례

9. 풍수, 갱번, 반도에서 해만으로

를 행한다. 2월 보름과 그믐날 밤에 포획된 냐레가 무리 지은 상태를 보고 그 해의 풍년을 점치기도 한다. 소순다 열도, 동부에 있는 멜라네시아, 폴리네시아 지역에서도 실갯지렁이의 내유 시기가 시간 인식의 중요한 기준이 되고 있다. 조기의 산란 시기와 조기의 북상 회유 시기를 맞춰 닻배 조업을 준비하고 출항하는 사례들을 바다의 리듬과 관련해 읽어낼 수 있다. 물고기의 산란이 월령과 관계된다는 사실도 널리 알려져 있다. 그래서 이렇게 얘기할 수 있다. 바다의 시간은 바다의 리듬이다.

'해경표', 무안만에서 첫발을 떼다
—

오래전 중국 복건성 천주시에 갔을 때 깜짝 놀란 것이 있다. 신라여관, 신라 주유소, 신라 다리 등 '신라'라는 수식을 건 간판이나 이름들이 많았기 때문이다. 적화원이라는 절을 복원해 지금은 관광지가 된 산둥반도 석도진을 포함해 신라관, 신라방, 신라소, 신라원의 거점이 천주시를 위시한 복건성 지역이었음을 확인하는 시간이었다. 내가 수년을 오가며 현장조사를 한 절강성 주산군도의 보타도 앞에는 심지어 '신라초新羅礁'라는 이름의 암초가 있다. 얼마나 많은 신라의 배들이 이곳에 부딪혔으면 이런 이름을 붙였겠는가. 혹은 얼마나 많은 신라 사공들이 배를 몰고 이곳을 지나다녔으면.

물론 신라초에는 신라로 싣고 오려던 관음불과 관련된 몇 가지 설화가 있다. 보타도의 조음동潮音洞은 낙산사 홍련암과 설화 맥락이 거의 동일하다. 아쉽게도 일본에서 먼저 이곳에 사찰을 세우기는 했지만,

관음보살을 넘어서는 고대로부터의 아시아적 네트워크 흔적임에 틀림 없다. 이곳 복건성과 절강성을 횡단하는 마조媽祖해협으로부터 말레이 시아 말라카해협은 단순한 물길이 아니다. 시진핑이 정화(鄭)의 원정 내력을 들어 일로一路의 비전을 세운 것도 이 해양 실크로드가 가진 중 요성 때문이다. 심지어 주산군도에서 시작한 어민화漁民畵(어민들이 그리 는 민화)도 실크로드의 기점으로 활용하고 있다. 중국이 투자해 짓고 있는 말레이시아 말라카 황징항도 맥락이 같다.

　나는 오래전 말라카해협의 정화박물관에 들러 이곳을 오고 갔을 고 대의 한반도인들을 떠올리곤 했다. 신라초니 신라방이니 하는 거점의 신라인들이 필경 정화 못지않은 선박 운영을 했을 것이고 종교적인 맥 락으로만 말하더라도 불교의 관음 네트워크를 넘어 이슬람교와 힌두 교 혹은 더 이전의 브라만교나 시바교에까지 닿을 수 있다는 생각 때 문이었다. 실제 가야 방면의 여러 사찰에서 산견되는 요니와 링가 등 의 힌두교 흔적들은 가야국 수로왕과 허황옥 전설을 넘어서는 상상들 을 가능하게 해준다.

　변산반도 죽막동 출토 유적들이 오키노시마와 양자강 하류의 유적 과 동일하다는 점을 비롯해 해남 등 서남해에 출토되는 중국발 유물 들을 통해 이를 충분히 확인해볼 수 있다. 신라인이라는 호명은 백제 로 마한으로 아니 더 이전의 한반도인들로 거슬러 오른다. 그래서 드 는 생각이다. 중국의 해양 실크로드까지는 아니더라도 이제는 해양과 관련된 지정학적, 철학적 어젠다를 내세워야 하는 것 아닌가 하는 생 각, 아니 중국에 비해 너무 늦은 것 아닌가 하는 생각 말이다.

'해경표'의 새로운 구상

해경표海經表란 무엇인가? 내가 오랫동안 제안해온 '갱번론'의 하나다. 해항海港 도시니 강항 도시니 하는 사람 중심의 지정학을 넘어선 생태학적 포지셔닝이기도 하다. 이미 '갯벌(Getbol)'이라는 우리 고유 명칭으로 세계자연유산에 등재된 바를 참고할 필요가 있다. '갱번(Geng bone)'이라는 명칭이 가지는 의미에 관해서다. 신경준(1712~1781)이 썼던 『산수고山水攷』와 『강계고疆界考』 등을 토대로 우리 국토를 산맥 중심으로 해석한 것이 이른바 『산경표山經表』다. 두산을 중심으로 지리산에 이르는 산맥을 대간으로 읽고 거기에 12지류를 정맥과 정간으로 읽으며 그 안의 도시와 강과 섬들을 배치하는 국토 인식론이다.

설정해둔 산이나 도시들을 보면 중앙 중심, 수도 중심의 사고와 12지라는 철학적 사고가 직조해낸 철학 체계임을 알 수 있다. 중심으로 설정한 한양이나 개성 등은 백두산에 이르고 심지어 마고산에 이른다. 실증을 중시하는 주류 사학계든, 일종의 관념을 투사해 인식의 범주를 넓히려는 비주류 사학계든 이 산맥 중심의 사고는 서로 대립적이지 않다. 이들의 관념에는 단군신화의 동굴도 백두산에 있고 환웅이 천부인을 갖고 하늘에서 내려온 신단수와 신시도 백두산에 있다. 고구려와 발해를 전제하는 이 지정학적 지향임에도, 급기야 백두산을 넘어 태산과 천산에 이르고 히말라야에 이르며 마고여신과 마고산이라는 정점으로 치닫는다. 『산경표』의 인식 또한 여기에서 벗어나지 않는다.

그래서다. 나는 거꾸로 해경표를 제안한다. 적도 상간의 흑조로부터 한반도를 향해 거슬러 올라오는 물골(해류와 조류 포함)론이다. 흑조의 본류는 일본의 동쪽을 거슬러 올라 태평양을 횡단한다. 여러 개의 지류 중 황해난류(한국연난류)가 한해륙 서해로 올라오는데 그 정점 혹은 기점에 흑산도가 있다. 흑조의 끝이어서 흑산도다. 이 지류는 내륙으로부터 내려오는 물길 좇아 큰골과 작은골들을 만들고 갯벌 먼 끝에서 내륙 깊은 곳에 이르러 회합한다. 갯물과 민물이 만나는 지점, 시대가 어려울 때마다 향나무 묻어 천년 후 오실 메시아를 기원(매향 의식을 말한다)하던 바로 그 지점이다.

이 권역을 통칭해 조간대 이른바 갯벌이라고 한다. 불교의 관음과 미륵이 그렇고 기독교의 메시아가 그러하며 1900년 지난 1세기 어간 900여 개에 달하던 신종교의 몸부림들이 그러하다. 근자에 일어나고 있는 코로나의 범람은 유럽을 휩쓸었던 흑사병보다 더한 시대적 결단을 요구하고 있다. 패러다임의 변화, 생활 태도의 변화, 마음의 변화, 아니 모든 것을 통째로 바꿀 것을 요구하고 있다. 중국처럼 일대일로의 욕심까지는 아니더라도 이제는 섬과 바다와 해양으로 눈을 돌려야 할 때다. 거기에 시대적 비전도 있고 희망도 있으며 심지어 먹거리도 있다. 해경표에 주목하기를 권하는 이유다.

한해륙 5대 물골론과 5대 작은물골론

갯벌의 철학적 인유引喩이자 해정학海政學적 포지셔닝이다. 남도인들의 인식 범주, 바다를 강으로 생각하고 강을 바다로 생각하는 대대적 사고의 형상화다. 출처는 강변江邊이되 조하대의 보이지 않은 물길까지 포괄하는 갯번이다. 강항이나 해항보다 '강포'라는 용어를 채용하는 것은 개(갯번)의 어귀라는 생태적 입지 때문이다. 한해륙을 5대 물골로 설정하고 좀 작은 만은 다시 5대 작은물골로 구성한다.

첫째는 남도만이고 그 중심에 있는 무안만이다. 지금의 영산강이 본래 바다였다는 사실을 전제하면 이해할 수 있을 것이다. 삼면의 바다,

전통 옹기 배를 제작한 국립해양문화재연구소가 영산강 하구언에서 항해 실습을 하고 있다.

삼대 중사였던 영암 남포로, 광주와 담양으로 오르는 물골과 법성포 고창으로 오르는 물골을 포괄하는 만灣이다. 기점에는 흑산도가 있고 정점에는 마한 문화권이 있다.

둘째는 금강만이다. 부여, 공주, 논산으로 오르는 금강, 백강 물골과 김제, 전주 물골을 포괄한다. 기점에는 위도와 고군산군도가 있고 정점에는 부여, 공주 백제 등이 있다.

셋째는 경기만이다. 예성강, 임진강으로 북한강, 남한강으로 흐르는 한해류 가장 중요한 물골이다. 기점에는 덕적군도가 있고 정점에는 고구려, 신라를 포괄하는 개성 고려, 한양 조선 등이 있다.

넷째는 발해만이다. 범주가 너무 넓어 황하만(베이징, 톈진), 요하만(다롄, 칭다오), 압록만(단둥, 신의주), 남포만(대동강, 평양), 해삼위만(블라디보스토크)으로 다시 나눈다.

다섯째는 김해만이다. 가야의 네트워크다.

이외 해만들은 작은물골로 분류한다. 예컨대 울산만은 경주 신라 네트워크다. 작은물골은 강진만, 여자만, 울산만, 발해만의 중만으로 설정했던 남포만, 압록만을 포함시킨다. 5대 작은물골은 다시 작은 강과 하천으로 올라 백두산 천지연과 삼지연에 이른다. 거꾸로 보면 보인다. 남성에서 여성으로, 불에서 물로, 서양에서 동양으로, 지난 1~2세기 동안 현자들이 이구동성 외쳐왔던 후천개벽, 새로운 시대의 기점을 마련하는 방안이다. 그 시작에 적도를 둔다.

산경표를 넘어 해경표를 구상하는 까닭

내 기본적인 시각은 『남도를 품은 이야기』(다할미디어, 2022)에서 누누이 강조했듯이 여백과 행간을 좇는 것이다. 다시 그 맥락을 강조해둔다. 남도의 풍류와 서화와 예술과, 예컨대 가사문학 따위의 아정한 것에 대하여 이른바 속되고 천해서 망실된 풍속을 주목한다. 그 이면을 가져와 의미를 부여한다. 쓰여진 글보다는 쓰여지지 않은 행간을 찾고, 그려진 그림보다는 그려지지 않은 여백을 찾는다. 정사보다는 비사를 얘기하고, 영웅보다는 이름도 빛도 없이 살다 가신 남도의 민중들을 얘기하며, 보이는 것보다 보이지 않은 것들, 예컨대 구비口碑와 신화와 노래 따위를 즐겨 말한다. 이것이 그간의 정사正史에서 찾을 수 없었던 내 아버지와 어머니의 얘기, 내 이웃과 선·후대들의 올곧은 이야기라고 믿었기 때문이다. 굳이 표현하자면 속사俗史라고나 할까. 종된 것들이 주인 되는 세상을 꿈꾸었기 때문인지도 모르겠다. 그렇다고 가진 자와 못 가진 자를 대척적 관점에서 구분 지어 투쟁하자는 뜻이 아니다.

내 관심은 언제나 주역에서 말하는 대대적 사고에 기반해 있다. 여성과 장애인과 소수자들의 인권이 점점 높아지고 세상이 민주화돼가며, 당연하다 싶었던 계급과 계층 나눔의 풍속이 사실은 몰이해적 구분법에 의한 것이었다는 깨달음도 여기에서 비롯된 것이다. 아정한 것과 속된 것이 좋고 나쁘거나 중하고 천한 것이 아니라 대칭으로서 동등한 것이다. 저간의 내륙 중심, 산맥 중심의 사고에서 바다 중심, 물골 중심의 사고로 바꾸어보자는 권유를 이론화한 것이 해경표다. 시대는 모름지기 그렇게 전진 혹은 진보해왔다.

뭍과 물의 연대, 남도 갱번론

'서울학'을 처음 제기하면서 잠정적으로 내린 서울학의 정의는 "'서울'이라 불리는 지표면상의 일정 공간을 토대로 역사적인 시간의 흐름 속에서 살아왔던 사람들이 이루어놓은 모든 유무형의 자취들, 즉 문화를 종합적으로 분석, 고찰하여 서울을 보다 나은 삶의 공간으로 만들어나가는 데 기여하는 학문이다"라고 정의하였다. 부산학에서도 지역학은 "지역의 정체성에 대한 이해와 이를 기초로 한 지역의 발전 가능성을 모색하는 목적적, 실천적 학문이다. ··· 지역학으로서의 부산학도 지역발전 전략의 수립과 그 실천의 토대로서의 역할을 해야 한다"고 하면서 "부산의 역사적 형성 과정과 현재적 과제를 분석하여 부산의 특성과 정체성을 발굴하며, 나아가 미래의 부산 발전 방향을 제시함으로써 부산이 당면한 시대적 상황에 대처할 수 있는 이론적, 실천적 논리를 공급하는 학문"이라고 정의하였다. 충남학도 "충남학이란 충남의 역사, 문화와 충남인의 삶의 모든 영역에서 충남다움과 충남인다움을 발굴하여 충남의 정체성을 정립하고 이것을 기반으로 충남 발전과 충남인의 삶의 질 향상을 탐구하는 학문"이라거나 "충남인의 정체성과 문화적 자긍심을 되살리고 그것을 토대로 21세기 충남의 활기찬 미래를 이끌어나갈 주역들을 길러내며, 그 의식과 활동 방향을 정립하는 데 목적이 있다"라고 정의하고 있다.

전남평생교육진흥원에서 펴낸 『남도학 첫걸음』의 서설을 쓴 고석규가 「남도학의 첫 장을 열며」에서 인용한 대목이다. 그래서 어떻게 할 것인가? 다음 물음은 당연히 '남도학 어떻게 할 것인가'로 이어진다. 고석규는 이에 대한 대답을 다음과 같이 내리고 있다.

지역학을 통해 일체감을 갖고 미래를 향한 지역 경쟁력을 키워나갈 때, 자긍심과 자부심을 갖고 삶의 질을 높여갈 때, 그래서 '현재'가 당당할 때, 믿음을 가로막는 장벽을 넘어 함께 하는 사랑을 실현할 수 있을 것이다. 이처럼 '남도와 남도인 제대로 알기'를 통해 남도인으로서 우뚝 설 수 있도록 정체성, 자부심과 자긍심을 갖게 하고, 이를 통해 지역의 발전과 미래를 위한 동력을 끌어내는 역할을 수행하는 일, 바로 거기에 남도학의 존재 이유가 있는 것이다.

그래서다. 나는 오랫동안 남도학 혹은 남도인문학에 천착해오면서 몇 가지 이론들을 세워왔다. 무안반도를 무안만으로 읽어 뭍에서 물을 지향하는 시대적 패러다임을 세웠고, 『산경표』를 해경표로 치환하여 그동안 내륙 중심이던 사관을 바다 혹은 해양 중심의 사관으로 치환하고자 했다. 본고에서 본격적으로 다루지는 않았지만, 남도만과 무안만을 풀어서 정리한 한해륙 5대 물골론의 착상을 시작한 기점이기도 했다.

낮은 개옹 썰물 갱번에는
거대한 나무 한그루 자란다
바다 깊숙이 뿌리 두고
달을 향한 연모 키우다
사릿발 간조干潮 때 이르러서야
잔가지들 생육한다
지상의 숲을 향해 만개하는

뭍의 수목들 잎 피고 꽃피고
가지 치던 계절
찬바람 불어 지상의 꽃들 열매 맺으면
포래, 감태, 모자분, 미역 오만 해조들
비로소 심해深海의 나무되어
잎 내고 꽃 피워 숲을 이룬다

계절 바꾸어 거꾸로 자라는
시어핀스키 피라미드 대칭성 기하학
지상과 해저의 나무들이 말해준다
나무와 나무가 바꾸어 서고
물과 불이 바꾸어 서는 계절
대대對待의 거대한 우주목 따라
비로소 남자와 여자가 바꾸어 선다

줄시 「갯벌」(『그윽이 내 몸에 이르신 이여』, 다할미디어)이다. 이렇게 질문 해본다. 미역이나 톳은 푸른색일까 갈색일까? 푸른색이었는데 갈색의 정기를 입었을까? 살짝 데치면 푸른색이 되니 본래 푸른색일까 아니면 뜨거운 물에 놀라거나 멍들어서일까? '풀'은 '푸르기' 때문에 붙여진 이름일 텐데 바다의 풀이 마냥 푸르지만은 않은 이유가 광합성에만 있을까. 사전에서는 '푸르다'의 어원이 '풀'에 있다고 말한다. 푸성귀니 푸새니 푸초니 하는 낱말들을 그 근거로 내세운다. 풀의 15세기 표현은 '플'이다. 17세기 원순모음화 영향으로 '풀'로 바뀌었다. 하지만 나는 오히려 '풀'의 어원이 '푸르다'에 있다고 생각한다. 항용 인용하는 청출어람靑出於藍의 청색과 남색의 비교라고나 할까. 쪽풀에서 뽑아낸 푸른색이 쪽보다 더 푸르다는 뜻이니 청색과 남색의 뿌리가 같다. 실제 우리나라를 포함한 동양권에서는 초록과 파랑을 크게 구분하지 않았다. 15세기를 전후한 '푸르하다'와 '파라하다'의 분화가 그것을 말해준다. 하지만 똑같은 것은 아니다. 짙푸르고 높푸르며 검푸르고 얕푸른 것이 다르다. 푸르딩딩, 푸르스름, 푸르작작, 희푸르고 얕푸르다. 그래서 뒤꼍의 채소와 깊은 산속의 채소가 색깔이 다르고 얕은 바다와 깊은 바다의 해조류 색깔이 다르다. 뭍과 물의 채소와 해조들을 채취하여 삼색나물이니 오색나물이니 의미를 부여하고 각종 의례음식들을 장식할 수 있었던 이유일 것이다.

해초海草는 바다에 뿌리를 내려서 서식하는 종자식물을 통틀어 부르는 이름이다. 바다의 풀이라는 뜻이다. 내 고향에서 '진줄'이라고 하는 '잘피'가 그중 하나다. 해조海藻와 구분하기 위해 초草(풀)를 붙인다. 반면에 해조류海藻類는 물속에 살면서 엽록소로 동화작용을 하는 은화식물을 말한다. 은화隱花 즉 꽃을 숨긴 식물이라는 뜻으로 조류藻類

를 포함해 선태식물, 양치식물 따위가 해당된다. 뿌리, 줄기, 잎이 구별되지 않는다. 꽃이 피지 않는 것은 물론 포자에 의해 번식한다. 녹조, 갈조, 홍조로 나눈다.

서식하는 깊이를 가지고 분류하기도 하지만 색을 통해서 분류하기도 한다. 색이 다른 것은 광합성을 통해 영양분을 만드는 정도가 다르다는 뜻이다. 녹조류는 연안 지역 5미터 정도, 수심이 얕은 곳에 산다. 투과력이 약한 적색광을 광합성에 이용한다. 파래나 청각, 매생이 등이다. 홍조류는 수심이 깊은 곳에 산다. 근해 지역 15미터 정도, 투과력이 강한 청색광을 광합성에 사용한다. 김, 우뭇가사리 등이다. 갈조류는 녹조류와 홍조류 중간 깊이에서 산다. 원해 지역 15미터 정도, 톳, 다시마, 미역, 대황, 모자반 등이다.

남도 바다의 해조류는 바닷물 층위에 따라서도 달리 나타난다. 수심 가장 위쪽의 바윗돌에는 가사리가 서식한다. 맨 위의 가사리를 불티가사리라 하고 그 아래 수심으로 붙는 것을 세모가사리라 한다. 그 아래 수심으로는 자연산 톳이 서식한다. 톳의 층위에 붙는 해조류로는 모자반(몰 혹은 모자분)과 듬북 등이 있다. 톳 아래 수위로 미역이 붙는다. 가장 아랫자락에는 다시마가 붙는다. 물론 이런저런 양식기술이 발달해 층위가 섞이기도 하지만 대체로 이런 높낮이 속에서 서식한다. 해조류가 가진 부드러움과 질김의 농도가 이 층위에 따라 결정된다.

해초와 해조가 숲을 이룬 곳을 '바다숲'이라 한다. 바다숲에서 물고기들이 서식하니 '바다밭' 혹은 '바다논'이다. '바다숲'은 '바다'와 '숲'을 떼어 써야 맞다. 아직 합성어로 정착하지 않았기 때문이다. 하지만 바다의 날, 섬의 날, 바다식목일, 심지어는 톳의 날에 이르기까지 기념일들이 제정되고 갯벌법이 시행되는 등 바다에 대한 관심과 이해가 증진

삼향 봉수산에서 바라본 무안 들머리. 앞쪽으로 지금의 영산강이 있고 뒤쪽으로 다도해가 있다.

되면, 머잖아 '바다숲'이라 붙여 써야 문법적으로 맞는 날이 올 것이다.

　간조기의 썰물, 남도의 바다에 나가보라. 여섯 시간 전에 물로 가득 찼던 바다가 이내 땅으로 변한다. 땅은 땅이되 뭍과는 다른 땅이다. 실핏줄처럼 물길 가득한 갯벌이기 때문이다. 나는 이 풍경을 늘 거꾸로 자라는 나무라고 말해왔다. 뭍과 마주선 물, 산에 대칭되는 바다라는 의미에서 그렇다. 명암을 두어 간조의 갯벌을 관찰하면 시어핀스키 피라미드 같은 미세한 프랙털 문양이 온 갯벌을 가득 채우고 있음을 볼 수 있다. 미명의 새벽이나 황혼의 저물녘이면 명암은 더 도드라진다. 어떤 조물주 있어 이 황홀한 핏줄들을 직조할 수 있단 말인가. 끝 간 데 모르게 광활한 서남해의 갯벌에는 거꾸로 선 큰 줄기와 잔가지와 미처 털어내지 않은 물비늘들이 좁쌀꽃같이 빛난다.

9. 풍수, 갱번, 반도에서 해만으로

잔물결을 이르는 우리말 '윤슬'은 틀림없이 이 갯벌의 반짝임으로부터 왔을 것이다. 거꾸로 자라는 나무, 그 숲의 끝이 향하는 곳은 육지다. 풍경만 그러할까. 뭍의 숲과 물의 숲에서 자라는 수목과 해조가 그러하고 그를 기반으로 서식하는 생물 또한 그러하다. 예컨대 해조류에는 한대성 해조류와 난대성 해조류가 있다. 난대성暖帶性 해조류는 아열대성 해조류로 주로 제주도와 남쪽 바다 중심이다. 한대성寒帶性 해조류는 동해, 서해를 포괄하는 중남부 해역이다. 우리나라가 북반부에 속하기 때문에 한대성 해조류가 중심에 있다. 김과 미역이 겨울에 자라고 매생이가 겨울에 자라는 것이 그 이유다.

이유리의 매생이 연구에 의하면, 매생이는 9월 이후 자라기 시작해 한겨울에 채취를 한다. 4월이 이르기 전 생장이 끝난다. 내륙의 식물들이 수확기를 끝내고 생장을 닫을 시간에야 비로소 북반구 한반도의 바다숲은 태양의 빛들을 온몸에 받기 시작한다. 물의 깊이에 따라 많고 적게 받는 햇빛뿐이겠는가. 적도 상간의 거대한 흑조黑潮의 흐름들이 머릿 물결 돌려세우며 생장하는 해조들을 애무한다. 그러다 다시 뭍의 수목들 햇빛 받아 깊은 땅의 물 끌어올리기 시작할 때 긴 여름잠의 휴면에 이른다. 그래서다. 색이 보색補色에 대하여 반전을 이루고 물이 뭍에 대하여 반전을 이룬다. 일의 형세가 뒤바뀌어서도 아니고 서로 반대 방향으로 구르기 때문도 아니다. 주역에서는 이를 대대성이라 하고 레스트로비스 같은 인류학자들은 이를 대칭성이라 한다. 서로가 서로에게 맞서는 듯하지만 대적對敵이 아니요, 거꾸로 서있지만 서로를 흠모하여 포용하는 것이다. 뭍과 물이 햇빛과 바람으로 직조되고 사람과 자연이 공생이라는 이름으로 교직되는 이 땅에서, 물과 뭍을 반복하는 변증법의 공간에서, 이름도 빛도 없이 살다 가신 남도의 사람들과 꽃들과 풀들과 잃어버린 레퓨지아의 행간과 여백을 좇기 위한 여정들이다. 남도의 바다는 그런 곳이다. 그런 의미에서 나는 무안반도를 무안만으로 고쳐 읽는다.